HAYAT BAZEN TATLIDIR

Karikatürler: Salih Memecan

MART YAYINLARI
İstiklal Caddesi No:184/7
80070 Beyoğlu İstanbul
Telefon: (212) 243 15 34
e-mail: mart@sizinkiler.com
Baskı: Güzel Sanatlar Matbaası
5. Baskı: Şubat 2001
ISBN: 975-7976-34-2

SAKIP SABANCI

HAYAT BAZEN TATLIDIR

MART YAYINLARI
İSTANBUL

İçindekiler

Sayfa

GİRİŞ

İnsanın belli bir hayat çizgisi var. Hayatın bir sınırı var. Bu çizgide ve sınırda insanlar bir yaşam kavgası veriyor.

Yaşam kavgası başlı başına ciddi bir iş. Yaşam kavgası içinde insanların "hayatın tatlı yanlarından yararlanmaya" pek az vakti olabiliyor.

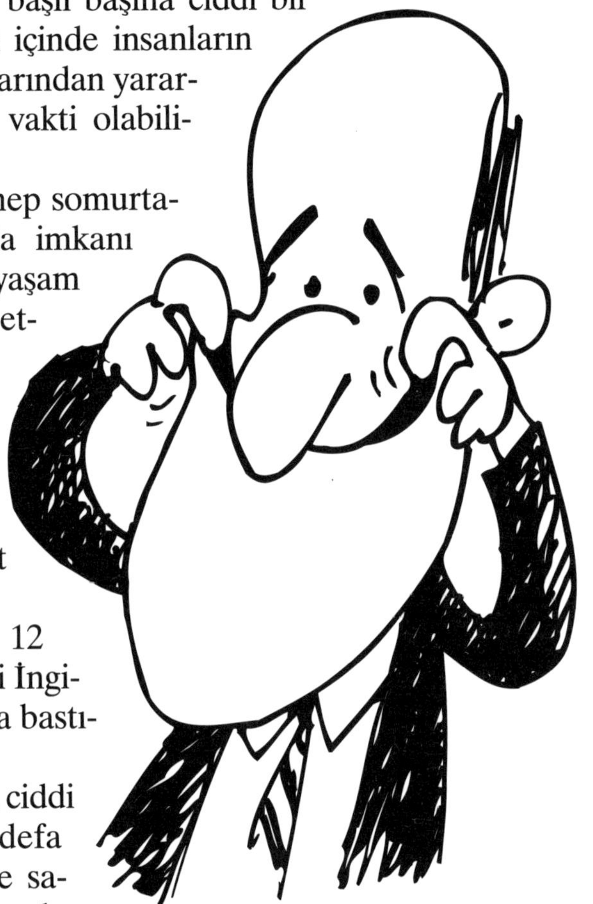

Fakat hayatta hep somurtarak yaşamanın da imkanı yok. Gülmeden yaşam bir anlam ifade etmiyor.

Bu nedenle olsa gerek Anadolu'da "Bir kahkaha bir pirzola gibi insana hayat verir" derlcr.

Bugüne kadar 12 kitap yazdım. İkisi İngilizce, biri Japonca bastırıldı.

Bunların hepsi ciddi kitaplardı. Bu defa farklı bir kitap ile sayın okuyucularımın karşısına çıkıyorum. "Hayat Bazen Tatlıdır."

Hayatın tatlı yanlarını, bugüne kadar başımdan geçen tatlı olayları, güldüğüm fıkraları bir araya topladım.

Güngör Uras bana Mark Twain'in iki deyimini nakletmişti.

(1) "There is no joke, in the heaven" (Türkçesi şöyle: Cennette şaka yoktur...)

(2) "The secret source of humour, is not joy itself, but sadness." (Türkçesi şöyle: Mizahın kaynağı aslında keyif değil, üzündür.)

Sayın okuyucularıma bu onüçüncü kitabımla bir "tat" verebilirsem ne mutlu bana..

Sakıp Sabancı

Bizim
babayiğit desen,
bir kenarda
kıvrılmış horul
horul uyuyor...

Rahmetli Babamız Hacı Ömer'in Hikâyesi

Rahmetli babamız Hacı Ömer, zamanında Kayseri'den Adana'ya kervanın peşine takılarak gitmiş.

O zamanlar kervanları haydutlar sık sık soyarmış.

Bu soygunlarla ilgili hikayeler anlatılırmış.

Rahmetli babamız Hacı Ömer sık sık bir soygun hikayesi anlatırdı. Hikayenin bir bölümünü unutmuştum. Sonra bir gün baktım. Hürriyet Gazetesi tarafından yayınlanan "Hasan Pulur'un Seçtiği Fıkralar" isimli kitapta, bu hikayeye de yer verilmiş.

Bizim Anadolu hikayeleri farklı şekillerde anlatılır. Hikayenin konusu aynıdır ama, anlatım farklı farklı olur.

Kitaptaki anlatımı ile rahmetli babamın soygun hikayesini nakletmek istiyorum:

Kayseri'de kervan hazırlanmış, yola çıkacakmış. Kayseri'den Adana'ya götürecekmiş. Kervan çok yüklüymüş. Altın, ipek, gümüş, baharat ne varsa doluymuş. Ama yollarda da, eşkiya doluymuş. Hele bir de Kırk Haramiler varmış ki, namları cihanı titretirmiş. Kervan sahibi, kervanı koruyacak bir muhafız aramış. Tellallar bütün şehre yayılıp etrafı çınlatmış:

"Ey ahali duyduk duymadık demeyin. Filan gün ve filan saatte şehrimizden kalkacak olan kervana bir muhafız aranmaktadır. Bu muhafız gayretli, yiğit ve de babayiğit, mangal gibi yürekli, demir gibi bilekli, burma bıyıklı, bol saç, bol kaş biri olmalıdır. Yüreğine, bileğine ve dahi kılıcına güvenenlerin başvurmaları..."

Ertesi gün bir babayiğit çıkagelmiş.

Yiğit ki ne yiğit!

Tarifi mümkün değil...

Kervan ertesi gün yola çıkmış, kim korkar artık eşkıyadan, ya da Kırk Harami'den.

Akşam bir yerde mola verilmiş, ateşler yakılıp, kuzular çevrilmiş, şaraplar içilmiş ve herkes canını, malını babayiğite teslim edip uykuya dalmış...

Bir de uyanmışlar ki, karşılarında Kırk Haramiler...

Bizim babayiğit desen, bir kenarda kıvrılmış horul horul uyuyor...

Kırk Haramiler cümleyi soyup soğana çevirmişler ve don gömlek bıraktıktan sonra horultusu yeri göğü inleten babayiğiti göstermişler:

"Bu kim lan?"

"Bizim babayiğit!"

"Babayiğit mi?"

Kırk Haramiler'in reisi, haramilerine bir işaret etmiş, hepsi sırayla babayiğiti yoklamaya başlamışlar.

Otuz, otuzbeş, otuzyedi, otuzsekiz, otuzdokuz... Derken tam sıra kırka gelirken bizim babayiğit:

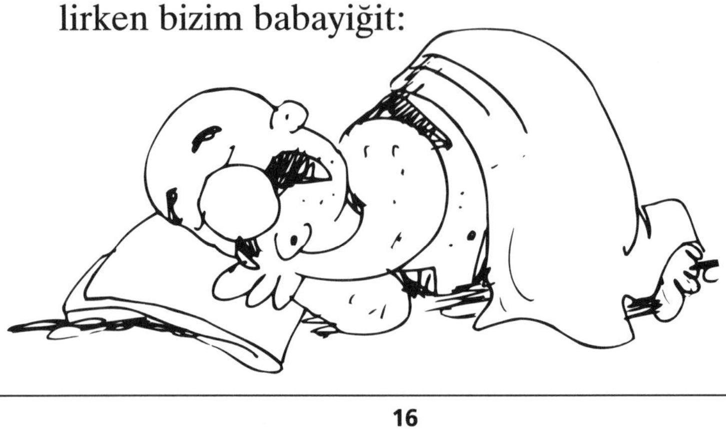

"Heyyyyyytttt lan!" diyerek basıp narayı fırlamış ayağa, kılıcı çekip, saldırmış Kırk Haramiler'in üzerine, hepsini önüne katıp kovalamış, malları kurtarmış...

Kervan, bayram içinde, sabah olunca yola çıkmış ve şehre varmış.

İki gün sonra geri döneceklermiş. Sayılı gün çabuk dolmuş, yola çıkarken babayiğit işbaşı yapmış. Kervan sahibi süklüm püklüm gelmiş:

"Koçum, aslanım, babayiğidim, bu sefer seni almıyoruz..."

"Niye, ne ettim? Malınızı kurtardım, Kırk Harami'yi kovaladım, niye beni işten attın?"

Kervan sahibi boyun bükmüş:

"İyisin, hoşsun, babayiğitsin ama uykun ağır be ağam! Ancak kırkıncıda uyandın. Her sefer de Kırk Harami gelmez ya!..."

Konsolosluktan aldığımız fakr-ü hal kâğıdı

1956 yılında henüz evlenmemiştim. Avrupa'ya gidiyordum. Annem ve teyzemi de beraberimde götürmek istedim. Uçak ile İngiltere'ye gittik. Dönüşte, Paris'ten İtalya'ya geçecek, hafta sonunda İtalya'da kalacaktık.

O anda "yandık... mahvolduk..." diye panik içinde, sağa sola saldırmaya başlamışım.

Fransa'dan Venedik'e geçtim. Orada İtalyan Turizm Şirketi CIT'in ofisine gittim. Roma'da Cuma, Cumartesi, Pazar akşamları için iyi bir yerde, birbiriyle bağlantılı bir çift, biri tek yataklı havalandırmalı iki oda ayırttırdım. Odaların

paralarını ödeyip, "voucher" dedikleri makbuzu aldım. Ayrıca, Roma havaalanında bir otomobil kiralamak için de bağlantı yaptım. Otomobilin üç günlük kira parasını ödedim. Bavullarımızın olduğunu, üzeri bagajlı otomobil istediğimizi de özellikle söyledim.

Roma Havaalanı'na indik. Baktık ki, üzeri bagajlı otomobil ayırmamışlar.

Ayrılan küçük bir otomobil. Buna canım sıkıldı. Annem ile teyzem arkaya oturdu. Benim yanıma da bavul koyduk. Bir de el çantam var. Çantamda 4 tane 50 dolarlık 2 tane 10 dolarlık toplam 220 dolarlık seyahat çeki, pasaportlarımız, otel ve kiralık otomobilin "voucher"ları, uçak biletlerimiz ve bir de küçük transistörlü radyom bulunuyor.

Otel ve otomobil parasını ödediğimizden, fazla paraya ihtiyacımız kalmamış. Hafta sonu dükkânlar tatil. Hem, o zamanlar 220 dolar da önemli bir para idi.

Havaalanından yola çıktık. Sıcak bir gün. Şehre doğru gidiyoruz. Yolda duralım da bir yemek yiyelim diye düşündüm. Bunun iki nedeni vardı: Bir kere, istediğimiz otomobili ayırmadıkları için sıkışık seyahatten bunalmıştım. İkincisi, annem ile teyzeme bir şeyler yedirmek istiyordum. Annemin bir âdeti vardı. Benimle seyahate çıktığında, peşime takılmamış olmak, programımı aksatmamak için, bahaneler uydurur otelde kalırdı. Mesela, "Başım ağrıyor, bugün otelde kalıp bir sandöviç yiyeceğim, midem bozuk bir şey yiyemeyeceğim" şeklinde özürlerle beni serbest bırakmak isterdi. Bunu bildiğim için annem aç kalıyor, otelde sıkılıyor diye üzülürdüm. Bu nedenle, otele götürmeden karnını da doyurmak istedim.

Bir lokantanın önünde durduk. Cuma günü geç bir saat. Bir masaya oturduk. Yemekleri ısmarladık. İkide bir dışarı çıkıp arabayı kontrol ediyorum. Annem ve teyzem sorduklarında, "Burada hırsız çok, arabayı soymasınlar diye bakıyorum" diyorum.

Yemeği yedik. Arabaya döndük. Beynimden vurulmuşa döndüm. Kapı açıktı. Hırsızlar bavulları çıkaramamış, ama benim küçük çantayı alıp savuşmuşlar.

O anda "Yandık... mahvolduk..." diye panik içinde, sağa sola saldırmaya başlamışım. Bu anormal durumum annem ve teyzemi çok etkiledi. "Ne oldu evladım neden yandık?" diye soru-

yorlar. Benim cevabım sadece "yandık...mahvolduk.."tan ibaret. Meseleyi öğrenince başladı annem ile teyzem de dövünmeye: "Vah kurban olayım... Allah etmeye... Para yok, bilet yok... Kaldık yabancı ellerde..." Kısacası, hepimiz memlekete dönemeyeceğimizi sanıyor, kara, kara düşünüyoruz.

Yerimiz Univerco Hotel'de ayrılmıştı. Doğru oraya gittik. Resepsiyondaki kişiye durumu anlattım. Polis geldi. Karakola davet edildik. Annem ile teyzem de benimle geldiler. Onlar aşağıda. Ben yukarı çıktım. Polis zabıt tutuyor. O zamanlar İtalyanlar'a Türk sigarası ikram edince her şey halledilir diye bir inanç var. Ben zabıt tutan polise sigara ikram ettim. O maceramızı kağıda yazıyor. Rica ettim. Beş nüsha da ben istiyorum dedim. Söylediğimi yaptı. Beş nüsha polisten tasdikli soyulma hikâyesiyle otele döndük. Resepsiyondaki adama zaptın bir suretini verdim. Yerimiz daha önce ayrıldığı için, voucher'i istemeden odalarımızda kalabileceğimizi söyledi. Otel görevlisine dedim ki, "Bir ricam var, biz havalandırmalı iki oda için ödeme yapmıştık, bizi en ucuz havalandırmasız üç yataklı bir odaya koyun, aradaki fiyat farkını bize nakit

olarak ödeyin, cebimizde üçbeş kuruş bulunsun..."

Adamcağız dediğimi yaptı. Eh moralim biraz yükseldi...

Fakat, benim başlangıçtaki aşırı üzüntüm annem ve teyzemi çok etkilemiş. Onlar bir türlü felaket atmosferinden çıkamıyorlar, dövünüp duruyorlar. Öyle bir havadalar ki, artık memlekete dönemeyecek, buralarda sürünüp kalacaklar. Hatam, olayı onlara belki boyutlarının da ötesinde hissettirmek olmuştu. Bu haldeyiz.

İş münasebetlerimiz dolayısıyla İtalya'da tanıdığımız birçok kişi vardı. Ama çantam ile birlikte adres defterim de kaybolmuştu.

Aklıma geldi. Milano'da iş yaptığımız bir İtalyan vardı, adı Jorcio Fabiyano idi. Otel katibi ile Milano telefon rehberini açtık. Bu isim, bizim Ahmet-Mehmet gibi çok kullanılan bir isimmiş ki, Milano'da 30-40 tane alt alta Jorcio Fabiyano ismi var. Allahtan adres de hatırıma geldi. Hâlâ unutmam: "Vio Tulipani 14." Hemen ödemeli telefon açtım. İtalyan ilgi gösterdi: "Eniştem Roma Otomobil Kulübü genel sekreteridir. Yarın sabah seni arar bulur, paranı verir" dedi.

Bu isim, bizim Ahmet-Mehmet gibi çok kullanılan bir isimmiş ki, Milano'da 30-40 tane alt alta Jorcio Fabiyano ismi var.

Arkasından konsolosu evinde bulduk. O yıllarda Sakıp Sabancı Türkiye'de bilinen bir isim olmadığından kendimizi tanıttık. Başımıza gelenleri anlattık. "Üzülmeyin, ikişer resim çektirip, Pazartesi sabahı konsolosluğa gelin, öğleye kadar pasaportunuzu veririz" dedi.

Ertesi gün Cumartesi. İtalyan tanıdığın eniştesi geldi. Bir zarf içinde para verdi.

Annem, teyzem istasyona girip, otomatik makinelerde resim çektirdik. Daha sonra Air France'ın bürosuna gittik. İsmini hiç unutmam Mösyö Carbone isimli bir gişe memuru. Polisten aldığım zabtı gösterdim. "Biletleri kaybettik, bizi İstanbul'a gönderin" dedim. Mösyö Carbone: "Siz, biletleri Adana'da Aytok Seyahat Acentası'ndan aldığınıza göre, orada kaydı vardır. Ben şimdi teleks çekerim, cevap gelince hemen biletlerinizi veririm" diye yol göstermeğe kalktı. O tarihte bırakınız Adana'yı, İstanbul'a bile telefon ve teleks bağlantısı kurmanın güçlüğünü ve hatta imkânsızlığını bildiğimden, ben ısrar ediyorum. Hırçınlaşıyorum. Ve hatta, İngilizce'de

Annem, teyzem istasyona girip, otomatik makinelerde resim çektirdik.

tek bildiğim kötü bir kelimeyi de o sırada söyledim. Mösyö Carbone bozuldu "İçinde bulunduğunuz ruh haletini dikkate almasam sizi polise verir, cezalandırırdım, hadi gidin, sizin işinize bakmıyorum..." diye kesip attı. O sırada yanımıza bir Türk yaklaştı. İstanbul'da Galatasaray'da Kervansaray Seyahat Acentası sahibiymiş. "Burada ümit yok, gelin sizi tanıdığım bir yere götüreyim, oradan bilet alırız" dedi. Olimpic Hava

Hırçınlaşıyorum. Ve hatta, İngilizce'de tek bildiğim kötü bir kelimeyi de o sırada söyledim.

Yolları bürosuna gittik. Seyahat Acentası olarak bize kefil olup, Pazartesi günü öğleden sonra zaten yerimiz olan Air France uçağı için üç tane, parasını daha sonra ödemek üzere bilet temin etti.

Bilet işini de çözünce, üç günlüğüne

kiralayıp parasını peşin verdiğimiz kiralık otomobili Cumartesi günü firmaya teslim ettim. Kullanılmayan ikibuçuk günün parasını bana nakit olarak ödediler.

American Express bürosuna gittim. Karakol zaptının bir örneğini de onlara gösterdim. İlgili memur bizi dinledi. Çantada kaç dolarlık seyahat çeki vardı diye sordu: "220 dolarlık" dedim. Önündeki çekmeceyi açtı. Bana 220 doları nakit ödedi. Zaptı da iade etti. Şaşırdım kaldım. Bu tip çeklerin sigortalı olduğunu sonradan öğrendim.

Beş kuruşumuz yokken cebimiz para dolmuş, her işi yoluna koymuştuk. Ama pasaportsuzluk endişesi devam ediyordu. Annem ve teyzem, "Ah evladım pasaportsuz memlekete almazlarsa..." diyerek, ne yiyip içiyor, ne uyuyorlar, sadece dövünüp duruyorlardı.

Sabancı ailesi için bir "fakr-ü hal" kağıdı düzenlediler.

Böylece Pazar geçti. Pazartesi sabahı bavulları bir taksiye yükledik. Annem, teyzem ile saat 8'de konsolosluğun kapısına yıkıldık. Kapı 9'da açıldı. Resimlerimizi verdik. Konsolosluk memuru, "Paranızı pulunuzu da çalmışlar. Sizin harç verecek haliniz de yoktur" deyince, doğrusu ya ben "Hayır paralar geri geldi, hem de fazlasıyla..." demedim. Bunun üzerine Sabancı Ailesi için bir "fakr-ü hal" kağıdı düzenlediler. Harç almadan, bizim pasaportları yenileyip bir saatte verdiler.

Erkenden Roma havaalanına gittik. Air France bankosunun önündeki memur ismimizi öğrenince "Sizin biletleriniz hazır" dedi. Meğerse o kadar kötü davranmamıza rağmen, Mösyö Carbone hisleriyle işini karıştırmamış, görevini yapmış, bizim biletleri havaalanına göndermişti. Air France biletlerini kullandık. Olimpic Hava Yolları biletleri cebimize kaldı.

Roma'dan soyulma maceramızın nihai bilançosu; sadece kaybolan bir çanta ve küçük transistörlü radyo; fakat üç gün süren gereksiz, abartılmış telaş, dövünme, yakınma, ağlamadan ibaret kaldı.

İşin aslına bakılırsa, beni bu kadar paniğe uğratan sebep, babamdan korkmam idi. Babamın bu olayı duyar duymaz "pasaportuna, parasına sahip olamayan adam, adam mıdır?" diyerek beni nasıl küçümseyeceğini düşünüyordum. Babam, şoförü ile bizi Yeşilköy Havaalanı'nda, Air France uçağından

Şimdi pasaportumu, biletlerimi ve paramı seyahatlerde küçük bir yassı çanta içinde hep boynuma asılı taşırım.

aldıracaktı. O uçak ile gidemez isek, her şey anlaşılacaktı. Korktuğum olmadı. Babam bir şey fark etmedi. Ama ben bu olaydan çok dersler aldım.

Şimdi pasaportumu, biletlerimi ve paramı seyahatlerde küçük bir yassı çanta içinde hep boynuma asılı taşırım. Pasaportumun fotokopisini yaptırıp her bavula bir fotokopi koyarım. Bavullarımı sigorta ettiririm. Yurtdışında ve içinde otomobilde, hırsızın iştahını kabartacak bir şey bırakmamaya özen gösteririm.

Adanalı Nalbant Halil Usta

Bizim Adana'da Ömer Başeğmez'e yakıştırılan bir hikaye anlatılırdı. Hikaye eski Adana'da geçiyor. O zamanın Adana'sında şehir içi ulaşımda insan ve eşya naklinde at arabaları kullanılıyor. Sokaklar at arabası dolu. Her yerde at ve at pisliği... Pislik kokusu ve pisliğe konup kalkan sinekler...

Adana'nın tek eğlence yeri ise Seyhan Nehri kıyısındaki barakalardaki barlar. Sonra Soğukoluk'taki kızlı eğlence yerleri... Kazanan paraları buralarda yer.

At arabası bol olduğundan araba yapımcıları, nalbantlar, koşum takımı yapanlar, eğer yapımcıları iyi para kazanıyor.

Adana'nın en ünlü nalbantı "Halil Usta". Halil Usta iyi nalbant ama... Günde iki üç saat çalışır. Ocağı yakması ile söndürmesi bir olur. Bu arada üç dört takım nal döver. Bunun için atını nalbant Halil Usta'ya nallatmak isteyenler günlerce bekler.

Babamın arkadaşı Ömer Başeğmez'in de atı var. Nalbant Halil ile tanışıyor. Gidip geliyor.

Bir gün nalbant Halil Usta'nın dükkanına gidiyor. Bakıyor usta gene ocağın ateşini söndürmüş. Daha öğle vakti olmadan dükkanı kapatmak üzere.

Ömer Başeğmez başlıyor söylenmeye;

- Yahu Halil Usta, sen ne biçim adamsın. Bak bu kadar beceriklisin. Ün yapmışsın. Nereye gidiyorsun?

Halil Usta;

- Ömer Ağa, üç nal takımı çaktım. Parasını aldım. Bin bereket... Şimdi giderim. Asmaaltında bir kebap, bir rakı. Sonra eve gider uyurum. Akşam belki Turan Pavyon'a, belki Saba Gazinosu'na uğrarım. Kafayı bulursak gece Soğukoluk'ta alemi sürdürürüm. Birisine takılırsam balık yemeğe Mersin'e veya İskenderun'a da kaçabilirim.

Ömer Başeğmez;

- Halil Usta, yazık sana yazık demiş. Bak böyle erkenden dükkanı kapatıp, kendini ziyane edeceğine gençken çalış. Bırak öğleden rakı içmeyi, her gece barlarda perişan olmayı.

Halil Usta direnmiş,

- Daha fazla çalışıp da ne yapacağım Ağam demiş.

Ömer Başeğmez anlatmış;

-Senin nallarını herkes beğeniyor. Sabah dükkanını erken açıp geç saatlere kadar nal dövsen, nal çivilesen kısa zamanda iyi para yaparsın. O parayı kebapçıda, barlarda yemez biriktirsen işi büyütür, yanına yardımcılar alırsın. Sonra iş büyür, büyür bir demirci atölyesi kurarsın. Belki demirci atölyen fabrikaya dönüşür. Sen de benim gibi fabrikatör olursun. Senin de atların olur, sen de atlarını başkalarına nallatırsın.

Nalbant Halil Usta, Ömer Başeğmez'i dinliyor;

- Eeeeee Ağam, sonra ne olacak?

Ömer Başeğmez anlatıyor;

- İşte sonra ne olsun, sonra sen de zengin olursun. Bol paran olur, çalışmaya ihtiyacın kalmaz. Gönlün ne isterse yaparsın.

İstediğini yer, istediğini içersin. İster bara git ister Soğukoluk'a...

Nalbant Halil gülmüş:

- Aman Ağam demiş. Senin anlattığın şekilde yırtınmaya, yılları heba etmeye ne gerek var. Aha senin o söylediklerini ben şimdiden yapıyorum. İstediğim gibi yaşıyorum, istediğimi yiyor, içiyor, istediğim gibi geziyorum...

Göl Gazinosu'nda kovboy filmi gibi

Odalardaki görevim dolayısıyla Adana Ticaret ve Sanayi Odası Meclis üyeleriyle birlikte Ankara'da Odalar Birliği'ndeki toplantılara katılırdım. Bu toplantılardan birinde gece arkadaşlar alaturka müzik dinlemeye gidelim diye ısrar ettiler. O zamanlar Ankara'da Gençlik Parkı içinde, şimdi nikâh salonu olan binada, Göl Gazinosu adı altında bir yer vardı. Gazinoya gittik. Uzunca bir masaya oturduk. Gazinonun kalitesi normalin altında. Etraftaki müşteriler de ahım şahım değil. Hele garsonlar, bar fedaisi gibi tipsiz insanlar.

Ne ise, yenildi içildi. Adana Ticaret Odası Meclis Başkanı ecza-

Biz o ortamda öyle bir vuruşuyoruz ki, kendimizi kaybetmişiz.

cı Memduh Görgün büyüğümüz olarak hesabı istedi. Hesap herhalde beklenmedik boyutta olacak ki, "Bu hesap biraz pürüzlü bunu meslek komitesine havale edelim" deyip Hasan Pehlivan'a verdi. Ticaret Odası'nda her meslek için ayrı komiteler vardır. Otel Lokanta Eğlence Yerleri Meslek Komitesi Başkanlığı'nı da Adana'daki Pehlivan Palas Oteli'nin Sahibi Ömer Pehlivan'ın yeğeni Hasan Pehlivan yapıyor.

Hasan Pehlivan hesap kağıdını şöyle bir inceledi. Garsonu çağırdı, hiç beklemediğimiz bir şekilde suratına "şaaak" diye bir tokat şaplattı. "Git bunu düzelt getir" dedi. Hepimiz bu beklenmedik davranış karşısında donup kaldık. Neden bunu yaptı, aklımız almadı. Biraz sonra bir başka garson hesabı getirdi. Hasan Pehlivan kağıda baktı. "Bana başgarsonu çağırın" dedi. Başgarson geldi. Ama bu arada garsonlar da etrafımızı sarmış durumda.

Hasan Pehlivan başgarsona, "Bu hesap pusulası aynen gelmiş. Ben düzeltin dedim" dedi. Ve de "şakk" diye onun suratına da bir tokat aşketti. O anda etraf karıştı. Garsonlar bizim üzerimize yürürken, herkes bir iskemle kapıp, müdafaa-hücum ne ise, boğuşmaya başladı. Bir de baktık ki, mozaik ve karo işleri yapan hemşehrimiz Yılmaz Sergici, iki elinde iki silah, gazino mutfağının kapısını tutmuş,

ellerinde bıçak, satır dışarı çıkmaya hazırlanan ahçı, yamak ve komilerin önünü kesmiş, “kapıdan dışarı adımını atanı vururum...” diyor.

Biz o ortamda öyle bir vuruşuyoruz ki, kendimizi kaybetmişiz. Sanki düşmana karşı savaş veriyoruz. En sakinimiz olan Meclis Başkanımız eczacı Memduh Görgün bile, 1.90’a yakın boyu ve babayiğit yapısıyla kendinden geçmiş, kollarından yakaladığı bir garsonu sürükleyerek götürüyor. “Ne yapıyorsun Eczacı Bey” dedim. “Bu herifi göle atıp boğacağım” diyor. Bu arada Avadis Kazancıyan ayrıldıktan sonra Bossa Fabrikamız’da müşavirimiz olan Elyakim Kandiyotti masanın altından

yalvarıyor: "Paşam, ne olur vuruşmayı bırakın. Ne kadarsa, hesabı ben ödeyeceğim." Biz duruma hakim olunca, gazino mafyası dövüşü kaybedeceklerini anlayıp bayrakları indirdiler. "Ne verirseniz verin, çıkıp gidin" dediler. Bir miktar para bıraktık ama, bu para kırık döküğü karşılar mıydı, bilmem.

Kavganın sebebini ancak her şey bittikten sonra anlayabildim. Meğerse, masada sırtım salona dönük olduğundan olup bitenin farkında değilmişim. Bizden önce, diğer iki masada oturan müşterilere yüksek faturaları sille tokat

ödettirmişler. Bizim Adanalılar'ın bu durum içlerini kabartmış; garsonlara gösterdikleri tepki bize gelen hesaptan değil, başkalarına attıkları insafsız kötekten kaynaklanıyormuş.

Adana'da bir bar hikayesi

Bizim kalabalık masa, herhalde o gecenin "soyulmaya değer masası" olarak tespit edilmiş olmalı .

Adana'da özellikle yaz aylarında boğucu sıcaklar başlayınca kadınlar ve çocuklar yaylaya gider. İşleri nedeniyle Adana'da kalan erkeklerin bazıları "bar" diye tanınan, konsomatris hanımların bulunduğu sazlı-sözlü eğlence yerlerinde zaman harcamaya çalışırlar. Bu barlarda genellikle oradan buradan gelmiş; konuşmayı süslenmeyi beceremeyen, profesyonelliğe yeni başladıklarından erkeklerin parasını bile harcatmada beceriksiz "zavallı" kadınlar çalışır. Bu kadınlar tüketilen içki ile

orantılı olarak para kazandıklarından, görevleri, mümkün olduğu kadar müşterilere içki içirmektir.

Adana'ya mal almak için başka şehirlerden gelen dost ve tanıdıkların bekleyişleri de bu Adana barlarına davet edilmektir.

Gerek kadınların durumu gerekse beceriksizce müşteriyi soyma çabaları beni rahatsız ettiğinden, mecbur kalmadıkça gitmemeye çalışırdım.

Bir akşam Şükrü Çetiner, Nuh Mahmut Küçükçalık, arkadaşım Allahınoğlu Mustafa Salihoğlu ve Kemal Özgür, bir vesileyle bara gittik. Bir masaya oturduk. Baktım, salonun bir köşesinde, Yosef Kanyes lacivert elbisesinin içinde, kravatını sıkıca bağlamış tek başına oturuyor.

Yosef Kanyes, Marko Sevinti'nin ortağı idi. Ali Muhittin Hacı Bekir firması denilince herkesin aklına nasıl Hacı Bekir gelirse onlardan da Marko Sevinti tanınırdı. Marko Sevinti İzmir'den Adana'ya sık sık mal almaya gelirdi.

185 cm boyunda yakışıklı, işini bilen bir Musevi idi. Adana'ya göğüs bağır açık gelir,

çekişe çekişe pazarlık eder, malı alır giderdi.

Ortağı Yosef Kanyes, "Bir de ben şu Adana'yı göreyim" diyerek ilk defa o gün gelmiş ve benden mal satın almıştı. Adana'ya ilk defa geldiğinden lacivert elbise, kravat gömlek içinde tam "acemi bir işadamı" görüntüsünde idi. Demek benimle işi bitince, otelde yalnız kalacağına, Adana'nın meşhur barlarını görmek için o da tek başına oraya gelmişti.

Yalnız başına oturmasına gönlüm razı olmadı. Bağırdım: "Bay Yosef, gel bizim masaya katıl" dedim. Geldi. Bir iskemleye ilişti. Bizim kalabalık masa, herhalde o gecenin "soyulmaya değer masası" olarak tespit edilmiş olmalı ki, etrafımıza bayanlar doluştu. Masaya önce bardak ile sonra şişe ile viskiler geliyor. Hanımlar acemi numaralarla bardağı veya şişeyi deviriyorlar "Ayyy, devrildi, bir daha getirin" diyorlar. Garson hazır, bir daha getiriyor... Baktık

olacak gibi değil. Garsonu çağırdım. "Evladım hesabı getir" dedim. Bir pusula üzerinde öyle bir rakam geldi ki, görünce durakladım. Yosef Kanyes bu işlerin cahili ya... Hemen atıldı "Bu şerefi bana verirsiniz, Paşam" dedi. Ben biraz da takılmak için, "Al be Yosef, bu şeref senin olsun" diyerek pusulayı ona uzattım. Yosef, pusulaya bir baktı, bir daha baktı. Benim tepemi attıracak kadar abartma olan rakam, onun için inanılmayacak büyüklükte idi. Açıkça itiraz da edemiyor. Titriyor. Kendi kendine de konuşuyor: "Üzülme be Yosef, yarısı Marko'nundur." Hesabın yarısını Marko'ya yıkacağını düşünerek kendini teselli etmeye çalışıyor. Parası yetmedi.

Biz kefil olduk. Çek verdi. Bardan ayrıldık. Ayrılırken, lokantanın pusulasını da gizlice ben aldım.

Ertesi sabah Belediye'deki yetkililere durumu haber verdirtmiştim. Yetkililer bar sahibini çağırıp hesabı normal hale getirtmiş, paranın bir kısmını geri alıp bana göndermişlerdi.

Öğleye doğru, bir akşam öncenin acısını üzerinden atamamış olan Yosef, bana veda etmeye geldi. Bir zarf içinde, bar sahibinin iade ettiği paraları verdim. Şaşırdı. Memnun oldu... "Aman be Paşam, bunu dün akşam söylese idin de ben de gece rahat yatıp uyusaydım olmaz mıydı?" deyince, gözüne uyku girmediğini anladım.

Motosiklet sevdasından yediğim dayak

Gençliğimde bisikletten motosiklete geçmek benim için çok büyük bir olaydır. Motosikletim yoktu. O yıllarda Adana'da saati 5 liradan motosiklet kiralarlardı. Benim kiralık motosiklet düşkünlüğümü babam duymuş. Kazadan korktuğu için motosiklete binmememi söyledi. Ama ben, bir

Oradan nasıl kaçıp kurtulduğumuzu anlatmak güçtür.

yanda babamdan korkarken, öte yanda motosiklet sevgimi yenemeyip, gizli gizli kiralık motosiklet ile dolaşmayı sürdürdüm.

Arkadaşım Allahınoğlu Mustafa Salihoğlu ile birlikte bir gün motosiklet kiraladık. Adana'da Paktaş Fabrikası'nın önündeki toprak yolda yan yana zevkle

Gizli gizli motosiklete binmek daha zevkli...

motosiklet yarıştırıyoruz. Karşıdan göçebe çingene kafilesi geliyor. Merkepleri, köpekleri, cılız atların çektiği arabalarıyla bize yaklaştıklarında, köpekleri motosikletten ürküp bize doğru havlayarak saldırdı. Bu arada biz, yarı korkudan yarı acemilikten motosiklete hâkim olamayıp, merkeplerinin arasına girdik. Merkeplerin biri devrildi. Bizim motosikletler devrildi. Bu arada göçebelerin kadınları ellerinde sopa bizim üzerimize saldırdılar. Oradan nasıl kaçıp kurtulduğumuzu anlatmak güçtür. Bu olaydan kimseye söz etmedik. Ama korkusunu yıllardır içimizde duyduk.

Başımıza böyle bir olay gelmesine rağmen motosiklet sevgim devam etti. Bir gün gene kiraladığım motosikletin üzerinde zevkten uçarak giderken Bağlar Yolunda, pamuk almaktan dönen babama rastladım. Babam, "Sana harçlığını bu fuzuli alete yatırma diye kaç kere söyledim" diyerek beni azarladı. Esas üzüldüğü harçlığımı bu işe yatırmam değil de bir kazaya uğramamdı. Bunu biliyordum.

Aradan 40 yıl geçti. 1984 yılında İngiltere'de bir mağazada, oyuncak gibi küçük bir motosiklet gördüm. Japonlar insanlara mal satabilmek için her şeyi nasıl cicili bicili yapıyorsa motosikleti de biblo gibi süslemişlerdi. Dayanamadım satın aldım. Elli yaşından sonra, Emirgan'da Atlı Köşk'ün bahçesinde kimse görmeden o küçük motosiklet ile dolaşıyordum. Yıllar önce içimde kalmış çocukluk heyecanım, hâlâ küllenmemiş.

Tayvan'da mide fesadı

Odalar Birliği Yönetim Kurulu üyesi olarak Amerikan Yardım Heyeti'nin (AID) bir programına katılmak üzere 1964 yılında Tayvan'ın Taypeh şehrine gittim. Programın konusu, "Sanayi Bölgelerinde Sanayileşme Meseleleri" idi.

Taypeh'de otelime girerken kapının önünde Türk Bayrağı'nı görünce çok heyecanlandım. Bu bayrağı daha önce görüp, ne oluyor diye otele gelen birkaç Türk'ü beni bekler bulmak büyük sürpriz oldu. Meğerse İktisadi Devlet Teşekkülleri'nden birkaç kişi de AID'nin başka programlarına katılmak için Taypeh'de bulunuyormuş. Toplantı için dünyanın her köşesinde 150-200 kişiyi davet etmişler. Uçak biletini, otel ücretini ödüyorlar. Gündüzleri iki üç toplantı yapılıyor. Sonra, geziler... Yeniyor, içiliyor, çok masraflı iş. İlk anda, bu ne biçim fantazidir ki, böyle masraflar yapılıyor diye şaşırdım.

Elinizi döner tablaya dokundunuz mu, önünüzdeki yiyecekler gidip, yerine yenileri geliyor.

Fakat aradan 2-3 gün geçince kafam değişti. Anladım ki sağlanan fayda yanında bu masraflar hiç kalır. Dünyanın dört yanından gelen insanlara, organizasyon, sanayileşme, alt yapı, serbest liman, sanayi bölgesinin ne olduğunu öğretiyorlar.

Sanayi teşvik tedbirlerini anlatıyorlar. O zamanlar bu gibi şeyler Türkiye'de bilinmiyordu. Ben her şeyi dikkat ve hayranlıkla öğrenip dersler aldım.

Türkiye'ye döner dönmez, önce Ankara'da Süleyman Demirel'i ziyaret edip, alt yapı ve teşviklerin sanayileşme için önemini, başkalarının neler yaptığını anlatmaya çalıştım. Arsayı bedava veriyorlar. Yol, elektrik, su hazır. Bedava telefon, telex bağlıyorlar. Makine ithalinde gümrük yok. Ucuz faizli, uzun vadeli yatırım kredisi yanında, yatırım tamamlandıktan sonra, sabit sermaye yatırımının bir bölümünü de sübvansiyon olarak "hazine bonosu" şekilde iade ediyorlar. Sanayici bunu işletme kredisi olarak kullanıyor. Bunların hep mantığı var. Neticede kazancı, kayıplarının yanında çok büyük.

Tayvan gezisinin son günü programa katılanlara resmi bir ziyafet verdiler. Ziyafet salonunda yuvarlak masalar kurulmuş. Her masanın ortasında yuvar-

lak ve ufak bir parmak hareketiyle dönen ikinci bir tabla var. Yiyecekler iftar sofrası bolluğu ile bu dönen tablanın üzerine sıralanmış. Herkesin önünde birer tabak. Tabağın biraz ötesinde döner tabla.

Elinizi döner tablaya dokundunuz mu, önünüzdeki yiyecekler gidip, yerine yenileri geliyor. Beni şeref konuğu olarak Milliyetçi Çin'in Sanayi Bakanı'nın yanına oturtmuşlar. 108 kiloluk vücudum ile, dişimi kırmayacak ne bulursam tabağıma doldurup, hızla bitiriyorum. Ben masadaki döner tablayı, döndüre, döndüre sarhoş etmişim. Elimin ulaşabildiği tabakları temizlemişim. Yanımda oturan Sanayi Bakanı herhalde sağlığımdan endişeye düşmüş. Fakat nazikçe beni nasıl uyarsın? Bana döndü, "Bay Sabancı, görüyorum ki yemeklerimizi çok beğendiniz. Çok memnunum. Törelerimizin ve mutfaklarımızın farklılığına rağmen bu kadar beğenip, kendinizi tutamayıp yemeniz beni çok memnun ediyor, ama sakın alışamadığınız bazı yemekler size dokunmasın" dedi.

Sanayi Bakanı, kibarca benim fazla yemekten patlayıp-çatlayacağımdan korktuğunu anlatmak istiyor ama, ben iştahımı önleyecek durumda değilim ki... 108 kilo-

Kimono
verdiler,
terlik
giydirdiler.
İlk defa
böyle şeyler
görüyorum.

luk vücudumun aşağı sarkan göbeği, daha da şişkin hale gelmiş. Göbeğimin durumunu Bakan'a gösterdim. "Ekselans dedim. Görüyorsunuz ki, ben sadece kendi başıma yemiyorum... Beni çocuk bekleyen hem de ikiz çocuk bekleyen bir hanım kabul edin... Bir lokma kendim için. Bir lokma karnımdaki Jan için. Bir lokma da Jan'ın kardeşi Jon için..." Sıcak pirinç şarabının etkisinde gevşeyen Bakan zaten samimi ve güleç yüzlü bir adamcağızdı. Bu sözlerime dakikalarca güldü.

Tayvan'dan dönüşte Türkiye'ye Amerika üzerinden uçmak istedim. Pan Amerikan Havayolları'nın o zamanlar her gün İstanbul'a uğrayan ve dünya turu yapana iki uçağı vardı. Pan Amerikan Havayolları çok rağbette bir şirketti.

Her ülkenin önde gelen kişilerine Clipper Clup üyesi diye bir plastik kart verirlerdi. Bu kartı olanlara uçakta daha fazla ilgi gösterilir, hava alanlarında penceresinde bir soğuk hava makinesi bulunan serin odada oturma imkânı tanınırdı. Ben Clipper Clup üyesi olarak Tayvan'dan Los Angeles'e uçuş bileti istedim. Honolulu-Los Angeles arasında, Pan Amerikan yerine United Airlines ile uçacaksın dediler. Ancak, bu rezervasyonu yaptırdığımın ertesi günü kaldığım otelin konsiyerji beni çağırdı. "Havayollarından telefon ettiler, yolculuk sırasında ne yemek istersiniz diye soruyorlar..." dedi. Ben şaka ediyorlar zannettim. İlgili memuru aradım. Sempatik bir kız, bunun usûlden olduğunu söyleyince, hatırıma orijinal bir şey gelmedi: "Pilavlı istakoz isterim..." dedim. Bu kere "Nasıl olsun" diye sordu. "İyi olsun..." dedim... "Öyle değil, sosu, pişimi nasıl olsun?" diye sorunca, gene hatırıma geldiği için "körili olsun" dedim.

Uçağa bindik. Herkesin oturacağı yerin üzerine ismini yazmışlar. Bu kart orada durduğu için hostesler her gelişinde bana ismim ile hitap ediyor. Bir de baktım. Bir paket kibrit. Onların üzerine de altın yaldız ile ismim bastırılmış. Kimono verdiler, terlik giydirdiler. İlk defa böyle şeyler görüyorum. Ismarladığım yemek geldi. Onu da yedim. Derken sinema vakti dediler.

Perde açıldı film başladı. Amanın, o andaki şaşkınlığımı anlatamam. Türk Bayrağı dalgalanıyor, ezan okunuyor. Masmavi Boğaziçi, camiler, İstanbul... Başladı gözlerimden inci gibi yaşlar dökülmeye...

Hostes kızı çağırdım. "Nedir bu Allah aşkına?" dedim. Kız izah etti. Uçakta birinci mevkide benden başka altı kişi daha varmış. Onların da beşi Ortadoğu ülkelerinden Müslüman müşterilermiş. Bu nedenle uçak şirketi çoğunluğun hoşuna gider diyerek, İstanbul ile ilgili bir filmi seçmiş.

Bu olay yabancıların organizasyon kabiliyetlerine hayranlığımı pekiştirdi.

Baba dostu Bahriyeli: Deli Mithat

Babama sık sık takılan bir yakını, Emirgan'da tanıdığı, komşumuz bir emekli deniz albayı idi. Babamın "Deli Mithat" diye sevdiği bu hoşsohbet ve güngörmüş eski asker; ataklığı, yiğitliği, açık sözlülüğü ile Emirganlılar'ın da sevgilisiydi.

Bir gün babama: "Hacı Ağa, sendeki bu varlık bende olacaktı. Şu Allah'ın cenneti evde, huriler, çalgıçengi ve bâde ile günümü gün edip hayatın tadını bir çıkarırdım ki..." demiş.

Babamın cevabı şöyle olmuş: "Oğlum Deli Mithat... Bir koca ev, cicili bicili eşyalar tek başına neye yarar. Bunlar varlık sayılsaydı, şimdiye kadar binlerce köşk tar-ü mar edilmezdi. Önemli olan onun arkasında dönen çarktır, oğlum. Eğer bu çark iyi işliyorsa varlık oradan gelir, o sayede tükenmez. İstanbul'da bu kadar güzel köşk, bu kadar antika eşya var. Devlet büyükleri, Cumhurbaşkanı, Başbakan, Meclis Başkanı, bakanlar, valiler, hatta yabancı devlet adamları niye oralara gitmiyor da buraya geliyorlar? Ben çok mu yakışıklıyım? Kaşım gözüm mü güzel? Bu bina mı çok büyük?... Büyük olan benim işlerim. Benim ekonomik gücüm, ekonomiye verdiklerim... İşe yarar adam olmadıkça, zenginlik kaç para eder? Çengiyi kaç gün oynatır, bâde almaya kaç gün para bulabilirsin?"

Uzun boylu, yiğit yapılı, güleç yüzlü, devamlı espri yapan, fakat içkide ölçüyü kaçıran bu deniz albayını, bütün aile gibi ben de çok severdim. İçki içince kontrolü kaçırdığında, hiç kimseye bir kötülük yapmayan, fakat espri uğruna lafın kontrolünü kaçıran bu deniz albayı bizim evden çıkmazdı. Babamın arkadaşı idi ama biz de kendisine hayrandık.

Deli Mithat ile ilgili iki renkli olayı hiç unutamam.

Bir gün babam Deli Mithat ile köşkte nargile içerken kapıdan haber vermişler, "Hacı Ağa, köyden bir tanışın geldi. Seni görmek istiyor..."diye. Babam gelsin demiş. Gelen, bir acayip kişi...

"Hacı Ağa sen beni tanımazsın. Sebebi

ziyaretimi anlatacağım ama, önce bir seccade ver de iki rekat namaz kılayım..." deyip babam ve Deli Mithat'ın şaşkın bakışları arasında namaza durmuş. Sonra da, "Hacı Ağa, ben dara düşmüştüm. Kul sıkılmayınca Hızır yetişmezmiş. Gene gece uykusuz kumrular gibi düşünürken, Peygamber Efendimiz (SA) teşrif buyurdu. Git hemşehrin Hacı Ömer'i ziyaret et. Evinde benim için iki namaz eda eyle. O sana benim adıma gerekli yardımı yapacak emrini verdi..."demiş.

Babam, adamın "anormalliğini" hemen fark etmiş, ama müşkül durumda. Çünkü, adamın eline üç beş kuruş sıkıştırıp savsa, adam bunu başkalarına da anlatacak, "yol olacak..." Adama bir şey söylemeden yollasa adam gidip orada burada "Hacı Ömer'in evine kadar gittim. Cimrilikten elime bir lira bile sıkıştırmadı" şeklinde dedikodu yapacak.

İşte o sırada Deli Mithat, nargileyi elinden bırakıp şöyle bir doğrulmuş, adama: "Hemşehrim sen Arapça bilir misin?" diye sormuş. Adam şaşkınlıkla, "Yok bilmem..." deyince Deli Mithat "Bre düzenbaz herif, sen Arapça bilmezsin. Peygamberimiz

(S.A.) Türkçe bilmez... O sana buranın yolunu nasıl tarif etti de, buralara kadar gelip, bizi kandırmak istiyorsun?" diye bağırınca adamcağız çekip gitmiş.

"Vatan Cephesi" konusuna Demokrat Partililer'in büyük önem verdikleri 1960 yılı öncesi günlerde, Deli Mithat fazlaca içki-

"Hacı Ağa sen beni tanımazsın. Sebebi ziyaretimi anlatacağım ama, önce bir seccade ver de iki rekat namaz kılayım..."

li olarak Emirgan'daki Çınaraltı Kahvesi'nde Demokrat Partililer ve de Celal Bayar aleyhinde bağırıp çağırmış.

Oradaki Demokrat Partililer karakola şikayet etmişler. Cumhurbaşkanı Celal Bayar'a hakaret etti diyerek. Polis, Deli Mithat'ın peşine düşünce, babam kendisini

alıp Atlı Köşk'e saklamış. Babam umuyor ki, bir süre geçince olay küllenecek, Deli Mithat'ı salıverecek, ama günler geçiyor, polis Deli Mithat'ı ciddi şekilde aramayı sürdürüyor. Babam bakmış olacak gibi değil. O sırada İstanbul'da Florya Köşkü'nde

Celal Bayar zarif kişiliği ile gülümsemiş "Olur Hacı Ağa, dediğin olsun" demiş...

yazı geçiren Cumhurbaşkanı Celal Bayar'dan randevu talep etmiş. Celal Bayar, babamın bir iş için geldiğini sanıyor. Babam "Celal Bey demiş, senden çok önemli bir ricam var. Bizim orada Deli Mithat diye bir adam var. Kafayı çekip, kontrolsüz laflar etmiş. Bir aydır polis adamı arıyor. Hapse atacak.

Halbuki benim dostum. Ben de tuttum, bizim eve saklayacak oldum. Bir süre sonra salıverecektim. Ama polis işi ciddi tutuyor. Ben adamı salamıyorum. Adam evde benim keseden yiyor içiyor. Biraz daha durursa adamı beslemekten iflas edeceğim. Bu adamı affet de koyuvereyim. Beslemekten kurtulayım..."

Celal Bayar zarif kişiliği ile gülümsemiş "Olur Hacı Ağa, dediğin olsun" demiş... Deli Mithat böylece affa uğramış.

Bıyıklı İbrahim'in dostluğu

1960 yılında askeri müdahaleden sonraki günlerde, radyodan yayınlanan bir tebliğ ile bankaların ödeme yapmaları durduruldu. Mevduat hesapla-

Tek düşünceleri bu kritik günlerde bonoları nakde çevirmek.

rından para çekmek, kiralık kasaları kullanmak yasaklandı. Bir iki gün süren bir hadise idi, fakat pek çok kişi paniğe uğradı.

Günlerce unutamayacağım bir olay şudur: Babam ile Bossa Un Fabrikası'nın ya-

zıhanesinde oturuyoruz. "Bıyıklı İbrahim" diye tanınan, baba dostumuz İbrahim Aran ile çay içiyoruz.

Kapı açıldı, alı alına, moru moruna iki kişi geldi. Bunlar bize pamuk satan Rafet Milli ve Hacı Yalçın isimli Adanalı hemşehrilerimizdi. Pamuk satışından dolayı kendilerinde vadesi henüz dolmamış bonolarımız varmış. Onları ellerine almışlar, "Hacı Ağa, bize çok acele para lâzım. Ben ev alacağım, bu tarla alacak... Bu bonoların vadesi gelmedi ama bizim bu sıkışık durumumuzda ne yaparsan yap... Bonoları öde" diye bin dereden su getirerek, hikâye uyduruyorlar... Tek düşünceleri bu kritik günlerde bonoları nakde çevirmek.

Babam, "Kasada para yok, madem ki sıkıştınız, bankalar açılınca erken ödeme yaparım" dedi. Fakat gelenlerin ısrarı sürünce Bıyıklı İbrahim dayanamadı; "Hacı Ağa dedi, bana müsaade et. Evde 300 bin lira nakit param var. Alıp getireyim... Şu adamları def et." Bu olay beni çok etkiledi. Bir yanda Hacı Ömer'e olan sonsuz güven, öte yandan güvensizlik içindeki kişilerin paniği; insanları ve dostlukları değerlendirme konusunda iyi bir ders oldu bana.

Kapı tokmağı

1970 yılında bir arkadaş grubu ile Amerika'ya gittik. Grupta Haydar Akın, Şükrü Topçuoğlu, Yahya Akel, Nuri Cıngıllı ve eşleri vardı.

Londra'dan Los Angeles'e giderken uçakta Adil Özkaptan ile tanıştık. Adil Özkaptan Amerika'ya yerleşmiş, bir çok tanınmış artist ile dostluk kurmuş bir kişiymiş. Daha sonra Adnan Kaşıkçı ile de dost olduklarını duyduk. Hatta onu Türkiye'ye de getirdi.

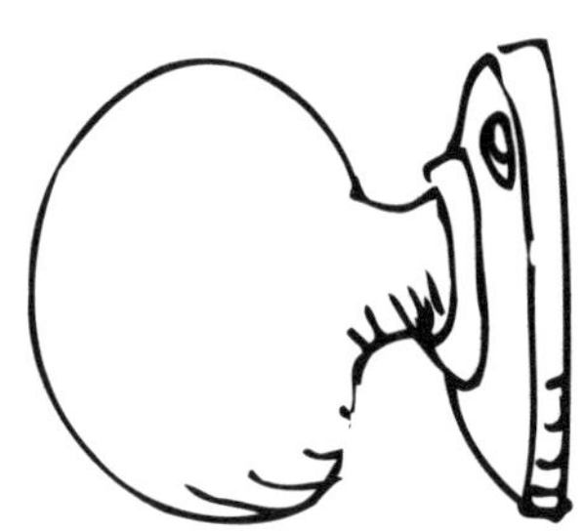

Adil Özkaptan ısrar ile bizi Los Angeles'de misafir etmek istediğini söylüyordu. Hava alanında baktık ki üniformalı şoförleriyle iki siyah Cadillac Limusin bizi bekliyor. Otele bunlarla gittik. Sonra kendisine teşekkür ettik.

Bizim programımızda Los Angeles civarındaki Disneyland'a gitmek vardı. Ben

otelin konsiyerjine gittim, “Biz” dedim, “Uzak bir diyardan geliyoruz. Madem ki Amerika gibi ileri bir ülkedeyiz, bizim 10 kişilik grubu Disneyland’a götürecek öyle bir otomobil bul ki, böyle bir şey görmemiş

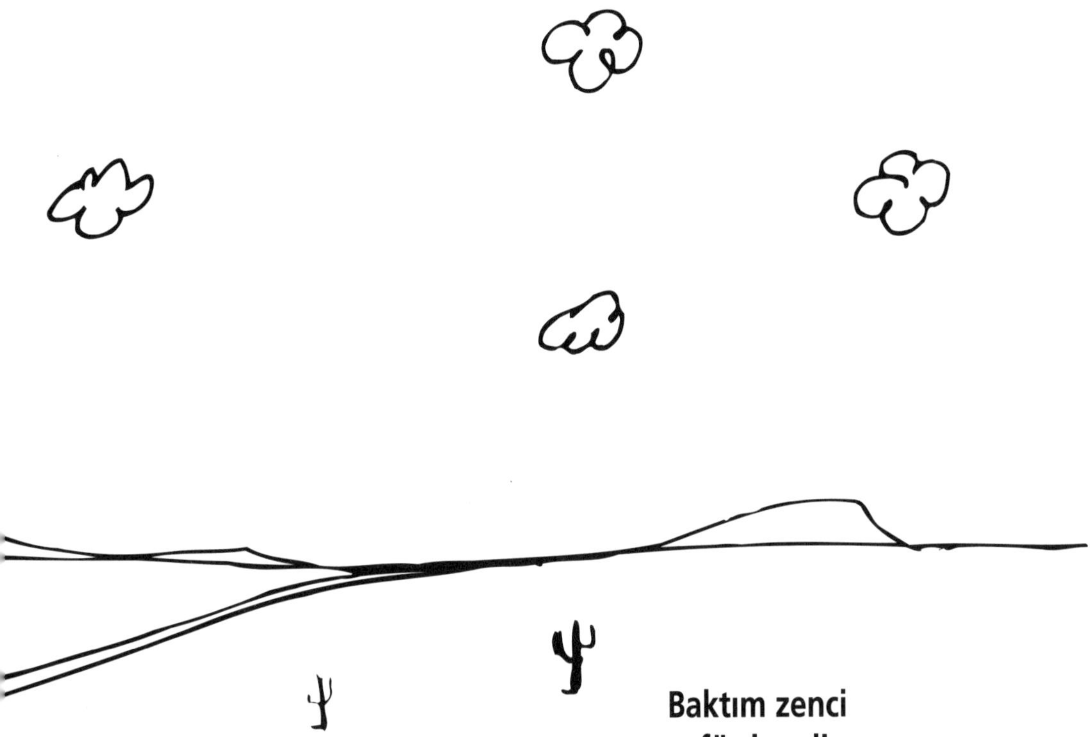

Baktım zenci şoför kendi kendine konuşuyor. Dikkat edince gördüm ki yakasında bir mikrofon, kulaklıklı telsizi ile merkezle konuşuyor.

olalım." Konsiyerj "Pekiyi" dedi. Ertesi sabah baktık, kapının önünde gerçekten süslü püslü bir minibüs duruyor. Minibüsün şoförü 1.90 boyunda bir zenci. Pırıl pırıl üniformalar içinde, saygılı. Minibüsün içi lüks döşeli. Döner koltuklu. İçinde barı, buzdolabı var. Barı açıyorsunuz her çeşit içki. Buzdolabında her çeşit meyve ve soğuk sandöviçler. İstediğinizi yiyip içiyorsunuz. İnerken hesabını yapıyorlar. Arabanın saatlik kira ücretine ekleyip parayı alıyorlar.

Yola çıktık. Baktım zenci şoför kendi kendine konuşuyor. Dikkat edince gördüm ki yakasında bir mikrofon, kulaklıklı telsizi ile merkezle konuşuyor.

Biz de arkada Nuri Cıngıllı'nın kapı tokmakları konusunu tartışıyoruz. Nuri Cıngıllı arkadaşımız İstanbul'da bir ev yaptırıyor. O yıllarda Türkiye'de kapı kolları ve kilit bulmak güç. Arkadaşımız Hilton tipi kapı kolu almaya niyetlenmiş. Ama Amerika'da bunu nereden bulacağını bilemiyor. Üstelik Amerika'da mesela bir eşyadan 30-40 tane isteyince, bunu stoktan hemen vermiyorlar. Adres verin biz göndeririz diyorlar. Halbu-

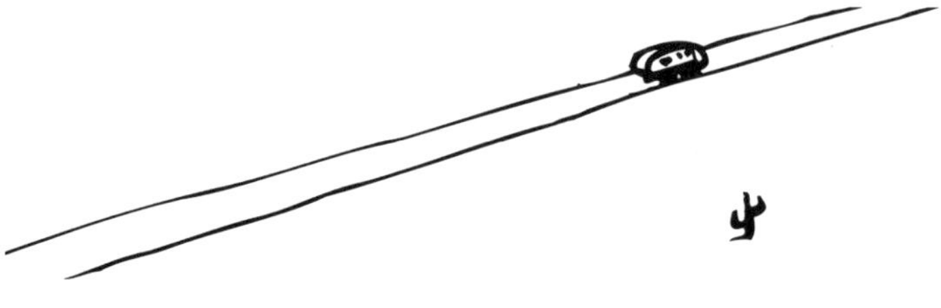

ki arkadaşımız alabilirse, bunları beraberinde yurda götürecek.

Bunları konuşurken laf olsun diye şoförümüze takıldım. "Biz Hilton otellerinde kullanılan sarı tip yuvarlak kapı tokmağı ve kilidi arıyoruz. Nerede bulabiliriz?" dedim. Şoför "No problem sir..." dedi ve yakasındaki küçük telsizden merkeze "... Benim müşterilerim, şu tip, şu kadar kapı tokmağı istiyor..." diye haber verdi. Biraz sonra merkezden cevap geldi: "...Yolunuzun üzerinde A şehrinde, B mağazasında o tip kapı tokmaklarından mevcut. Biz telefonla kendilerine bilgi verdik. Stoklarında iki kalite mal varmış. İkisinden de kırkar adet hazırladılar. Birinci kalitenin fiyatı şu, ikincisinin bu..." Biz bu işe hayret ettik. Gerçekten 3-5 dakika sonra o şehirde, o mağazaya girdiğimizde, bir memurun bizi beklediğini gördük. İki kalite mal tezgahın üzerinde hazırlanmıştı. Arkadaşım önce ucuzunu almak istedi. Ben, "Acaba o daha iyi kalite mi idi diye aklın kalır, öbürünü al" diye ısrar ettim. Nuri Cıngıllı'nın işini gördük.

Bu olay çok hoşumuza gitti. Biraz sonra Yahya Akel'in eşi Birsen Hanım, "Sakıp Bey dedi, Prof. Dr. Tahsin Artunkal bizim dostumuzdur. Oldsmobil bir otomobilinin bir parçası Türkiye'de bulunmuyormuş. Bana sipariş etti. Amerika'da eski model bir otomobil parçası bulmak güçmüş. Acaba bir de onu denesek." Aynı yoldan bizim şoför, bulunmasından ümidimiz olmayan parçayı da bulmaz mı? Amerika'daki hizmet sektörünün, organizasyonun, haberleşme ağının gücüne o zaman hayran oldum.

At heykeli

İstanbul'da, her gün bir açık artırma ile, isimleri bir zamanlar önde gelen ailelerin varlıkları satılıyordu.

Babam Hacı Ömer'in, bu müzayedeleri gezerken, dostluklar kurduğu antikacılara "Eski eşyanın müptelası oldum, gü-

At heykeli, Emirgan'da bizim evin bahçesindeki at, geyik heykeli ise, Divan Oteli'nin önündeki geyik...

zel bir şey gördüm mü kendimi tutamıyorum..." dediğini aynı kişilerden duymuşumdur. Üzerine yeni elbise almaya kıyamayan babamın, antika alımları için o güne göre büyük paralar harcaması da bunu doğruluyor.

1950 yılında, Gazi Ahmet Muhtar Paşa Ailesi'nin, Karaköy'de Mühürdar'da 1935 yılından beri kapalı duran köşkle-

rindeki, Osmanlı Dönemi'nde toplanmış eşyaların ve sanat eserlerinin verese tarafından satışa çıkarılacağını duyan babam, köşkü ziyaret etmiş. En çok, köşkün bahçesinde bulunan 1876 yılında Paris'te bronz olarak dökülen at heykelini beğenmiş.

Gazi Ahmet Muhtar Paşa Ailesi'nin bu at heykeli, babam ve Vehbi Bey arasında sürtüşmeye neden olmuştur. Ahmet Muhtar Paşa terekesinin satışında bir at heykeli ile bir geyik heykeli artırmaya konulmuş. At heykeli, bugün Emirgan'da bizim evin bahçesindeki at, geyik heykeli ise, Divan Oteli'nin önündeki geyik...

Hikaye şöyle: At heykeli arttırmaya çıkınca, babamın niyetini bilmesine rağmen, Vehbi Bey devamlı pey sürmüş sonuçta at heykelini gönlüne koyan babam, düşündüğümüzden çok yükseğe çıkan fiyatı ödeyerek, heykele sahip olmuş. Geyik heykeli artırmaya çıkarılınca, Vehbi Bey babama, "Hacı Ömer Ağa, işte sen at heykeline sahip oldun. Artırmaya katılma da, şu geyik heykelini fiyat yükselmeden ben alıvereyim" demiş. At heykelinin fiyatını ısrarla yükselten Vehbi Bey'in bu isteği, babama pek makul gelmemiş olsa gerek ki, "Yok

1957 yıllarında heykel, Bossa'nın yeni makineleri arasında gemi ile Türkiye'ye geldi.

öyle şey Vehbi Bey. Ödeşeceğiz" demiş. Geyik heykeline pey sürerek fiyatını yükselttikten sonra Vehbi Bey'in üzerinde bırakmış. Vehbi Bey, Divan Oteli bahçesine at heykeli yerine geyik heykelini koymuş.

Babam ise at heykeline sahip olunca çok sevinmiş.

Bu heykel Emirgan'daki köşkün bahçesine dikilince, evimiz "Atlı Köşk" olarak anılır olmuş.

Gazi Ahmet Muhtar Paşa Ailesi'nden alınan ilk at heykeli, Emirgan'daki evin hemen önünde durur. Yoldan geçenler tarafından görülmez. Yoldan görünen büyük at heykelini de babam almıştır. Onun hikayesi daha da ilginçtir.

Babam, BOSSA Fabrikası'nın makinelerini ısmarlamak üzere yanında Sinan Bosna ve Fazlı Turgay olduğu halde, Avrupa'da makine satıcısı firmaları gezerken, İtalya'da Milano yakınında Lenyano diye anılan bir şehre gitmiş. Burada fabri-

kaya konacak buhar kazanlarının pazarlığını yapacakmış. Sinyor Mario Pensotti isimli kazan fabrikası sahibi babamı ve yanındakileri evine yemeğe çağırmış. Büyük bir bahçe içindeki evinde değişik sanat eserleri varmış. Bahçedeki at heykelini görünce, babamın gözleri buna takılmış. Kazanın pazarlığı içine, at heykelini de dahil etmek istemiş. Pensotti, "Bu atın kalıbı var. Kazanı alırsan sana da bir tane döktürür hediye ederim. Para almam" demiş. 1957 yıllarında heykel, Bossa'nın yeni makineleri arasında gemi ile Türkiye'ye geldi. O günlerde, "Avrupa'dan heykel de satın alınır mı, bunun parası nasıl ödendi, dövizi nereden bulundu?" şeklinde dedikodular da olmuştu.

Adanalı dostumuz Mustafa Özgür

Tanrının bir insana, bir aileye yeterince maddi kaynak bahşetmesi yeterli değildir. Tanrının o parayı harcamayı da "nasip etmesi" gerekir.

Ailelerin, kişilerin edindikleri maddi varlıklar; yaşadıkları ülkelerin, şartların onlara sağladığı, kazandırdığı varlıklardır.

Nasip konusunu anlatabilmek için, Adana'da babam ile aynı dönemde yaşayan ve hatta ondan da önce, babamın varlığından çok daha büyüğüne sahip olan ailelerden söz etmek istiyorum.

Adana'nın beş büyük ailesi, Mustafa Özgür, Nuh Naci Yazgan, Nuri Has, Sapmaz Kardeşler ve Hacı Ömer Sabancı ailelerinden, gayrimenkul ve hisse senedi bakımından en zenginleri Mustafa Özgür idi.

Tanrı, Mustafa Özgür'e bu varlıklarını devredebileceği çocuk vermemişti. Bir tek karısı vardı. İleri yaşlarında bir kilo pirzola yemezler, biz bundan hoşlanıyoruz diye 365 gün bulgur pilavı ile karın doyururlardı. Okul, kültür sitesi, yurt, cami yaptırmak işini aklına getirememişti.

Yeğenlerden birine otomobil alması gereken günlerde bisiklet aldı.

Tanrı varlığı vermiş, harcamayı nasip etmemişti. Üç yeğeni vardı. Onları evlat edindi.

Yeğenlerine otomobil alması gereken günlerde, sadece birine bisiklet, hem de kullanılmış bisiklet alacak kadar, parayı fazlaca sıktığından; ölümünden sonra yeğenleri paranın kontrolünü bilemediler. Birbirleriyle bozuştular.

Ortak olduğumuz Erciyas Oteli'ndeki hisselerini, bir iki handaki hisselerini Akbank hisselerini bize sattılar. Milli Mensucat isimli büyük tekstil fabrikası başkalarına satıldı. Gayrimenkuller ellerinden çıktı. Yeğenlerden Emin Özgür eternit üretimi işine girdi.

Nuh Naci Yazgan'ın bir oğulları varmış. Onu da genç yaşta kaybeden anne, baba ziyadesiyle yasa bürünüp içlerine çekilmişler. Onlar da varlıklarını yeğenlerine bıraktılar. Fakat varlıkları kısa zamanda dağılıp gitti.

Adana'nın bu varlıklı beş ailesinden, Akbank'ta eşit paylara sahip bu beş aileden birliğini koruyabilin tek aile Allah'a şükür, Sabancı Ailesi oldu. Diğer dört aile, varlıklarını ellerinden çıkarırken, Akbank hisselerini de satmak zorunda kaldılar. Nuri Has'ın oğlu Kadir Has dışında hepsi, Akbank'la ilgilerini kaybettiler.

Stajyer memur

Babamın işyerlerinde çalışmaya başlamışım. İlk gittiğim işyeri çırçır fabrikası. Bir de babamın Adana'da Mahmutpaşa'daki yazıhanesine devam ediyorum. Çırçır fabrikasında pamuk tartılan kantarın başında durup, pa-

Sabahları her memur gibi, işe vaktinde gelip, imza cetvelini imzalardım.

muk alınırken tartıları bir kağıda yazıyorum.

Babam, "Topla bakalım..." dedi mi topluyorum. O, "Bakalım doğru toplamış mısın?" diye kontrol ediyor.

Orta okulda, hastalıklar arası iyi olduğum dönemlerde 1948'den itibaren, Akbank'da çalıştım. Akbank'ın Adana'da Şeref Orçun isimli bir müdürü vardı. Babam beni ona, "Şeref Bey, doğru raydan çıkarma, disiplinli yetiştir" diye emanet etmişti. Şeref Bey çok disiplinli bir yönetici idi. Ben "stajyer memur" statüsünde idim. 25 lira aylığım vardı. Sabahları her memur gibi, işe vaktinde gelip, imza cetvelini imzalardım. Beş dakika geç gelsem Şeref Bey imza cetvelini imzalatmaz ve babama "Hacı Ağa, oğlun bugün gene 5 dakika geç kaldı" diye durumu bildirirdi. Birkaç defa olunca babamdan şiddetli bir azar yedim. O zamandan beri iş disiplinine, randevuya uyarım.

Bankada yazı makinesi, hesap makinesi kullanmayı, tahsil fişini, tediye fişini, makbuz kesmeyi öğrendim. Kulağım doldu.

Çalışmaya başladıktan sonra, bana ödenen ilk ücret, net 20 lira idi. Hemen anneme gittim. "Anne, bu babamın verdiği para değil, ilk defa kendi kazandığım para. Al sana veriyorum" deyip, tamamını ona verdim. Annem beni öptü, "Gülnaz'a* ver saklasın" dedi.

Okuldan ayrılınca un fabrikasında veznedar oldum. Maaşım 50 liraydı. Akbank'taki stajyer memurluğumdan öğrendiklerim işe yarıyordu. Un fabrikasının müdürü Kemal Pekün, muhasebe müdürü Sadettin Atabey idi. Bazı akşamlar kasa hesabı tutmaz, ben bankadaki alışkanlıkla 2-3 saat daha çalışır, hesabı tutturmadan fabrikadan ayrılmazdım.

Daha sonra un fabrikasının muhasebesinde çalıştım. Alım işlerine bakmaya başladım. 1955 yılında ticaret müdürü Ömer Çiftçioğlu ayrılınca onun yerine geçtim.

1957 yılında Bossa tekstil bölümünde umum müdür muavinliği görevine başladım. Bossa'da benim umum müdür muavini unvanı ile çalıştığım dönemde, ortaklarımızdan Sinan Bosna da aynı unvan ile yanımızdaki odada oturuyordu. O dönemde Sinan Bosna ile çok iyi bir ilişki kurduk. Bu ilişki derin bir dostluğa dönüştü. Birbirimizi çok sevdik. Devamlı beraber olmaya başladık.

Sinan Bosna yurtdışında tahsil etmesine, yurtdışında uzun süre kalmasına rağmen, her seviyedeki insan ile çok iyi ilişki kurmasını bilen bir kişiydi. İnsanları hiç

* Gülnaz, evimizde bizi büyüten, çok sevdiğimiz yardımcımızdı.

küçümsemez, sokaktaki dilenciye, hamala, ciğerciye, işçiye, ustaya, mühendise, genel müdüre hep aynı şekilde hitap eder, onlara değer verdiğini hissettirirdi. Ben Sinan Bosna'dan çok şeyler öğrendim. İnsan ilişkilerinde başkalarından daha farklı bir yaklaşımım var ise, bunu Sinan Bosna'ya borçluyum. Onun gibi hareket etmeye, karşımdaki kim olursa olsun değer vermeye gayret ettim. Bundan çok yarar gördüm.

Sinan Bosna'nın eniştesi, Salih Efendi'nin damadı, Kemal Pekün, Bossa'nın Umum Müdürü idi. Hem Sinan Bosna'ya hem bana, çok şeyler öğretti. Birçok konularda ondan dersler aldık.

1960 yılında Umum Müdür Kemal Pekün ayrılınca, ben umum müdürlüğe getirildim.

1957-1960 yılları arasında Bossa Fabrikası'nda umum müdür muavini olarak sorumluluğum, her sabah pamuk alımları yapmaktı.

Ciğerci Recep

Köylü pamuğunu arabalara ve o zaman pek az olan traktör römorklarına yükleyerek gece serinliğinde Adana'ya getirir.

Pamuk sabah gün ışırken satılır ki, köylü arabasına, traktörüne, römorkuna atlasın ve güneş etrafı cayır cayır yakmadan serinlikte köyüne doğru yol alabilsin.

İşte bu dönemde, akşam yatarken saati kurar, sabah gün ağarmadan yola düşerdim.

Pamuk alımlarına Sinan Bosna ile birlikte giderdik.

Sabah kahvaltı etmediğimizden, pamuk alımı bitip, Bossa Fabrikası'na işbaşı yapmaya dönerken karnımız acıkırdı.

İşte bu dönemde, Ciğerci Recep ile dost olduk.

Ciğerci Recep, kara bıyıklı, ayağında şalvarı olan, Adana lehçesi ile konuşan, yüzü güneşten yanmış, kara yağız bir gençti.

Kullanılmış ve eskimiş iki at arabası tekerleğini kullanarak derme çatma bir geçici tezgah yapmıştı. Tezgahın üzerinde üç taraflı bir camekan vardı. Bu camekanın içinde ekmekler, soğan piyazı ve ciğer asılırdı.

Camekanın açık yanında sinekler içeri dolar, Recep bu duruma pek aldırmazdı.

Camekanın önünde küçük bir mangal, Adana'nın sıcağını biraz daha artıracak şekilde kor gibi yanardı. Kocaman kara saplı bir bıçak ile ciğerleri bir tahta üze-

Ciğerci Recep'i ziyaret edip, o ciğer hazırlarken onunla sohbet etmek, ciğer sırası bekleyenlerle konuşmak hayatımıza renk katıyordu.

rinde doğradıktan sonra, mangalın üzerindeki ızgarada çeviren Recep'in önünde devamlı bir kalabalık bulunurdu.

Pamuk aldıktan sonra Ciğerci Recep'i ziyaret edip, o ciğer hazırlarken onunla sohbet etmek, ciğer sırası bekleyenlerle konuşmak hayatımıza renk katıyordu.

Ciğerci Recep'in köyünü, karasını, sevgilisini, çocuklarını, babasıyla problemini, anasının hastalığını, ağabeyinin askerde çavuşu ile arasındaki çekişmeyi günü gününe takip ediyorduk.

Diyebilirim ki, hayatımda üç yıl süre ile hiçbir kimse ile her gün bu kadar özel konular konuşmadım... Ciğerci Recep ile pamuk fiyatı, fabrikadaki meseleleri konuşamayacağımıza göre, bu tip ailevi özel meselelere inmekten tabii birşey olamazdı.

Ben ve Sinan, hem ciğer işini, hem de Ciğerci Recep'i çok ciddiye almaya başlamıştık.

Şimdi düşünüyorum da, sabah sabah, o çeyrek ekmeği, o çeyrek ekmeğin içindeki sıcak ciğeri ve bir avuç soğan piyazını midemiz acaba nasıl kabul eder, nasıl cayır cayır yanmazdı...

Amerika'da okumak için uzun yıllar kalmış olan ve yapısı itibariyle nazik bir bünyeye sahip Sinan Bosna acaba hamburgere alışmış midesine, bu ciğer kebabını nasıl kabul ettirebildi?...

Bir gün Sinan ile pamuk alım satımından dönüşte, mutaden ciğer yemek için ciğerci Recep'in durduğu köşeye gittiğimizde onu ve tezgahını göremedik...

Üç yıl boyunca her gün orada olan ciğerci Recep acaba nerede idi?. Biz ona o kadar alışmıştık ki, ancak yokluğunda fark ettik ki, geçen üç yıl boyunca bu adam hiç hastalanmamış, hiç köyüne gitmemiş, hiçbir gün köşesinden ayrılmamıştı.

Hastalanmıştır, ertesi gün gelir diye düşündük... Ertesi gün, daha ertesi günler gelmedi... Sorduk, soruşturduk... Hiçbir haber alamadık... Kimi bir kan davasından kaçtığını söyledi... Kimi, sevgilisi ile birlikte, karısından kaçmak için izini kaybettirdiğinden söz etti. Ama biz ciğerci dostumuz Recep'i kaybetmiştik.

O günden bu yana ekmek içi ciğer yemedim.

Dostum Cemil Gözüyeşil

Bazı insanlar şanslıdır. Allah bazı insanlara doğuştan şans verir. Bazı insanlara rastlamışımdır, para kazandırtmaya çalışırım. Şuna yardım edeyim. Şu alışverişin içinde bir pay çıkarayım demişimdir. Olmamıştır. O adamın kısmeti yoktur. İş sevgisi, iş bilgisi noksan diyemeyiz. Bir adam durup dururken pamuk almaya başlamıştır, pamuk işi kötü gitmiştir. Tekstile girmiştir, iyi giden iş kötü gitmeye başlamıştır. "Vermeyince Mabud, ne eylesin Mahmud" diye bir atasözü vardır. Hayatta bu atasözünün doğruluğuna, bazı kimselerin şansının kaderinin, kısmetinin "Allah tarafından" bir sebeple bağlandığına şahit oldum.

Benim çok sevdiğim Cemil Gözüyeşil isimli bir arkadaşım vardı. Ben lakabı 'Allahınoğlu' olan Mustafa Salihoğlu ile birlikte Adana Erkek Lisesi'nde okurken, Cemil Gözüyeşil de Kemal Özgür ile birlikte Adana Ticaret Lisesi'nde okurlardı ama biz dördümüz birlikte olur, arkadaşlık ederdik. Ben sanayi konusundaki ça-

Allah bazı insanlara doğuştan şans verir.

balarımı iletirken, Cemil Gözüyeşil de çiftçilik yapmaya, bu arada ufak tefek alım satımlara girmeye başlamıştı.

Kendisini çok sevdiğimden onu "biraz kollamak, para kazanmasına sebep olmak" isteğine kapıldım. O zaman Adana'da pamuk ticaretinde "koçan alıp satmak" iyi para getiriyordu. Koçan, bir anlamda pamuğun tapusudur. Pamuk depoda yer değiştirmeden, koçan alıp satıldıkça sahip değiştirir. Koçanı ucuz alıp pahalıya satan kâr eder. Pahalı alıp, ucuza satan zarara uğrar.

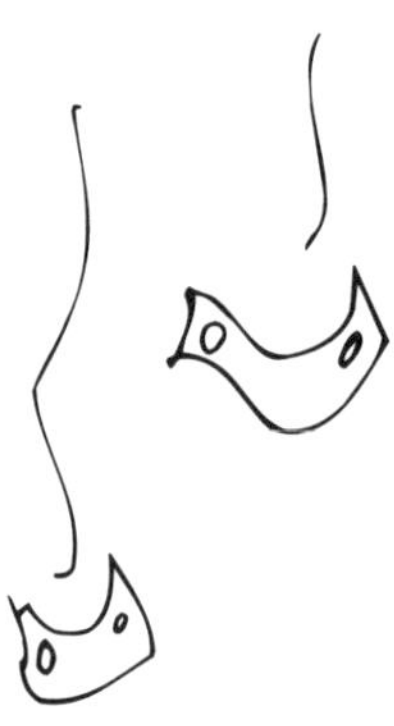

Ben Cemil Gözüyeşil'in babasından bir miktar sermaye istedim. Bu sermayeyi, bizim bu işe tahsil ettiğimiz paralara ekledim. Koçanı alıp satarken, biliyoruz ki, bunun yarısı Cemil Gözüyeşil için. Kârın, zararın yarısı onun. Şu Allah'ın işine bakın ki, sadece kendimiz için koçan alıp sattığımızda kâr ediyoruz. Ne zaman ki Cemil Gözüyeşil ile ortak alım satım teşebbüsümüz olsa, sonuç zararlı.

Sadece koçan işi değil, başka konularda alım satımı Cemil Gözüyeşil üzerinden geçirip, ona bir menfaat sağlamaya teşebbüs ettim. Bütün çabalarım boşa çıktı.

Anladım ki, Allah, Cemil Gözüyeşil'in

"kısmetini bağlamış." Ne kadar zorlasan, para kazandıramıyorsun. Tersine zorladıkça zarar ediyor.

Bâtıl denilebilir ama, Allah vermeyi ahdetti mi, Allah veriyorum dedi mi, kimse durduramaz. Allah bana verdi çok şükür. Ve, o kadar geniş ki Allah'ın hazinesi, o kadar hudutsuz ki... Babam, "Oğlum Allah'tan iste" derdi. "Onda hudutsuz var. Ortağınla, aranızdaki menfaat bölüşmesinde, kantarın topunu kaçıracak ölçüde hesaplara gittin mi, ortağınla aranda sürtüşmeler başlar. Kavga, dövüşe gider. İş bozulur. İkiniz el ele verin de, hızla yürekten çalışın. Birbirinizin hakkına göz dikeceğinize Tanrı'dan isteyin. Yukarıda hudut yok. Allah'ın hazinesi boldur" derdi.

Dizelci Mehmet

Adana'da sanayi denilince pamuğun çekirdeğini çıkaran çırçır makinelerinin akla geldiği, un öğüten değirmenlerden fabrika diye söz edildiği dönemlerde, tabii olarak teknik eleman bulmak önemli bir sorun teşkil ediyordu.

Makineleri çalıştırmaktan önce, makineler için elektrik bulmak gerekiyordu. Şehir cereyanı sık sık kesildiğinden, her tesiste bir jeneratör grubu vardı.

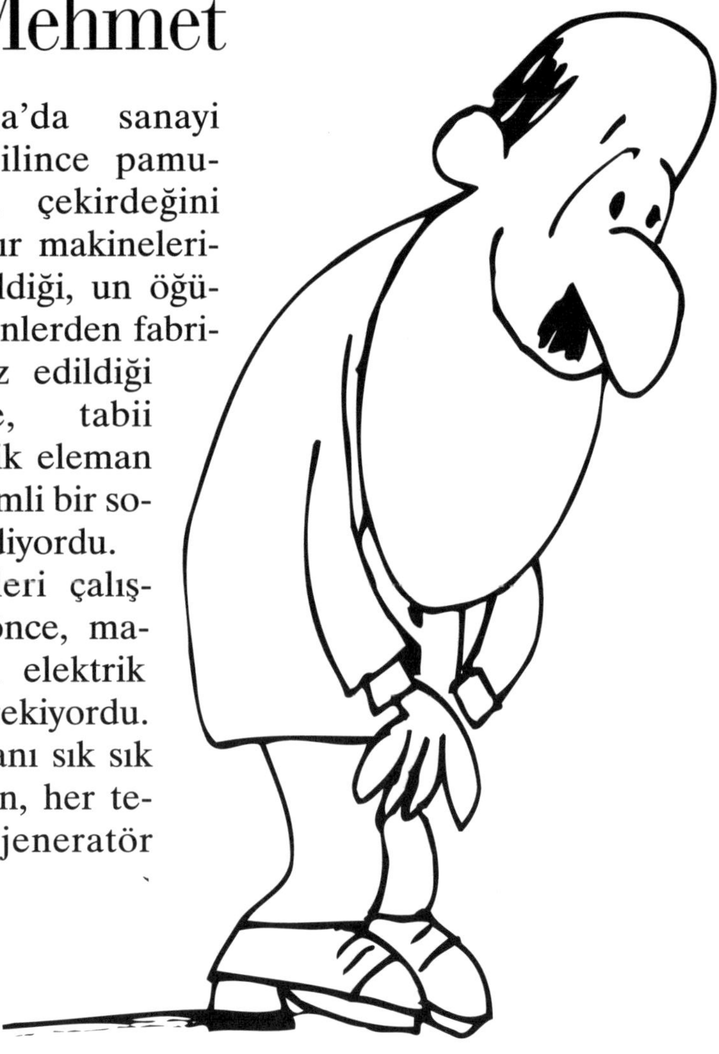

Elektrik ile işleyen tesisler için "dizelci" çok önemli bir adamdı.

Bu jenaratör gruplarını işleten ustalar, Adana'nın en kıymetli teknik elemanları idi. Bunlara "dizelci"denilirdi.

Dizelciler genellikle, arabacı iken, kamyonlara şoför muavini, şoför olan, sonra motordan biraz anlayıp, tamirci kesilen kimselerdi. Bu çekirdekten yetişmiş insanların "maharet" sahibi olanlarının sayısı az olduğundan, başarılıları kısa sürede isim yapardı.

Elektrik ile işleyen tesisler için "dizelci" çok önemli bir adamdı. Çünkü, jeneratör arıza yaptı mı, hiçbir makine çalışmayacak, işçiler boşuna para alacak demekti. Jeneratör kaç gün çalışmaz ise fabrika o kadar gün kapısına kilit atmış oluyordu. Hele jeneratörün bir parçası kırılır ve İstanbul'dan parça beklenecek olursa, bu günlerin sayısı ve zarar büyür giderdi. Onun için elektrikle çalışan makinesi, tezgahı olanlar en iyi dizelcinin peşinde koşarlardı.

Dizelci Mehmet'in de iyi dizelci olarak nâmı çıktığından babam Hacı Ömer onu Bossa Fabrikası'na almış, jeneratör grubunu ona teslim etmişti.

Dizelci Mehmet Ağa, kısa boyu, şişman vücudu, her zaman giydiği kara şalvarıyla gerçek bir köylü tipinde idi. Yüzünde devamlı uzayan tıraşının altında ağzı, burnu, gözü zor görünüyordu. Boncuk boncuk gözleri, yuvalarında fır dönerdi.

Daha önce toprakta çalışmaktan yumuk, yumuk olmuş parmakları, avucu devamlı mazot lekesi içindeydi.

Boynuna asılı duran peşkire elini yüzünü sildikçe, mazot karası yüzüne, kulaklarına da bulaşır, boncuk boncuk terledikçe, terlerin de kara kara aktığı sanılırdı.

Biz Bossa Fabrikası'nı yeni kurmanın heyecanındayız. Makineler pırıl, pırıl... İçeride yeni teknisyenler, mühendisler var... Ama bizim için en önemli adam dizelci Mehmet Ağa... Çünkü şuna inanmışız ki, eğer dizelci Mehmet Ağa olmasa elektrik jeneratörleri durur. Elektrik jeneratörleri durursa, fabrika hiçbir işe yaramaz. Binlerce işçi, mühendis, milyonlar değerindeki makine hareketsiz kalır...

Bu ruh haleti içinde, fabrikanın kapısından girdik mi önce dizelci Mehmet Ağa'yı görüyoruz. Elini sıkıp, hatırını soruyoruz. O bizim kendisini mühimsediğimizin farkında, gururlu, oradan oraya koşup, büyük telaş içinde, önemini sergilemekte.

Babam Hacı Ömer, ben ve diğer kardeşlerim, bir ölçüde "büyük iş yaptığına inandığımız, hata etmesi, küsmesi halinde koskoca fabrikanın durmasından korktuğumuz için", fakat büyük ölçüde sempatik halinden ötürü dizelci Mehmet Ağa ile sohbet etmeden asgari onun hatırını sormadan fabrikadan içeri adım atmaz idik. Dizelci Mehmet Ağa benimle daha başka dostluk yapardı. Ben ona makinelerin ne işe yaradığını, bu makinelerin nasıl onarıldığını falan sordukça, o belki beni küçümsediğinden, belki de ne işe yaradığını bilmediğinden hep yuvarlak kelimelerle beni uyuturdu.

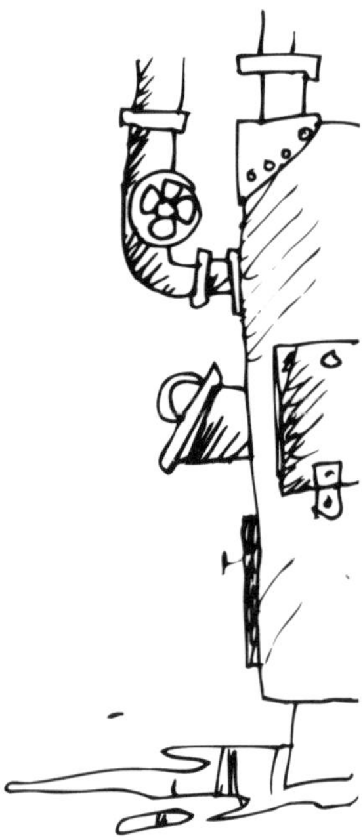

"Haaa, bu çok möhim bir parçadır. Hıı, o bir işe yaramaz..." şeklinde değerlemeleri vardı.

Derken, Adana şehrinin enerji sorunu çözüldü. Barajlardan düzenli elektrik gelmeye başladı. Fabrikalarda elektrik üreten jeneratör gruplarının devamlı çalışmasına ihtiyaç kalmadı. Bazı fabrikalar bunları kesinti halinde kullanmak amacıyla sakladılar.

Tabii bu duruma biz sevindik ama, Dizelci Mehmet Ağa "yıkıldı." Çünkü onun önemi, sebebi hikmeti ortadan kalkmıştı.

Fabrikanın yöneticileri onu, bir bölüme ustabaşı gibi bir pozisyona getirmişler.

Eskiden kendi olmazsa fabrikanın çalışmayacağına inanan bir kişinin birden böyle bir işe yaramaz ruh haletine düşmesi yıkılmasına sebep oldu.

O şişman, tombalak dizelci Mehmet Ağa zayıfladı. Dal gibi oldu. Neşesi kaçtı... Bir süre sonra geldi, köyüne dönmek istediğinden söz etti. Israr etti isek de ikna edemedik. Bizi bırakıp gitti. Bir daha da görünmedi...

Teknoloji, ilerleme, ülkedeki kalkınma, "o olmazsa olmaz" sanılan bir adamı, "lüzumsuz" hale getirmişti.

Concorde'dan 400 dolar para kaptık

Arkadaşlarla yaptığımız ABD gezisinden dönüş yolumuzda Concorde ile Washington'dan Londra'ya geleceğiz. Erdoğan Dömirören'in bileti New York'dan Londra'ya olduğundan, Washington'dan gelebilmesi için ilave para vermesi gerekiyordu. Ben Erdoğan Demirören'e yardımcı oluyorum, git-

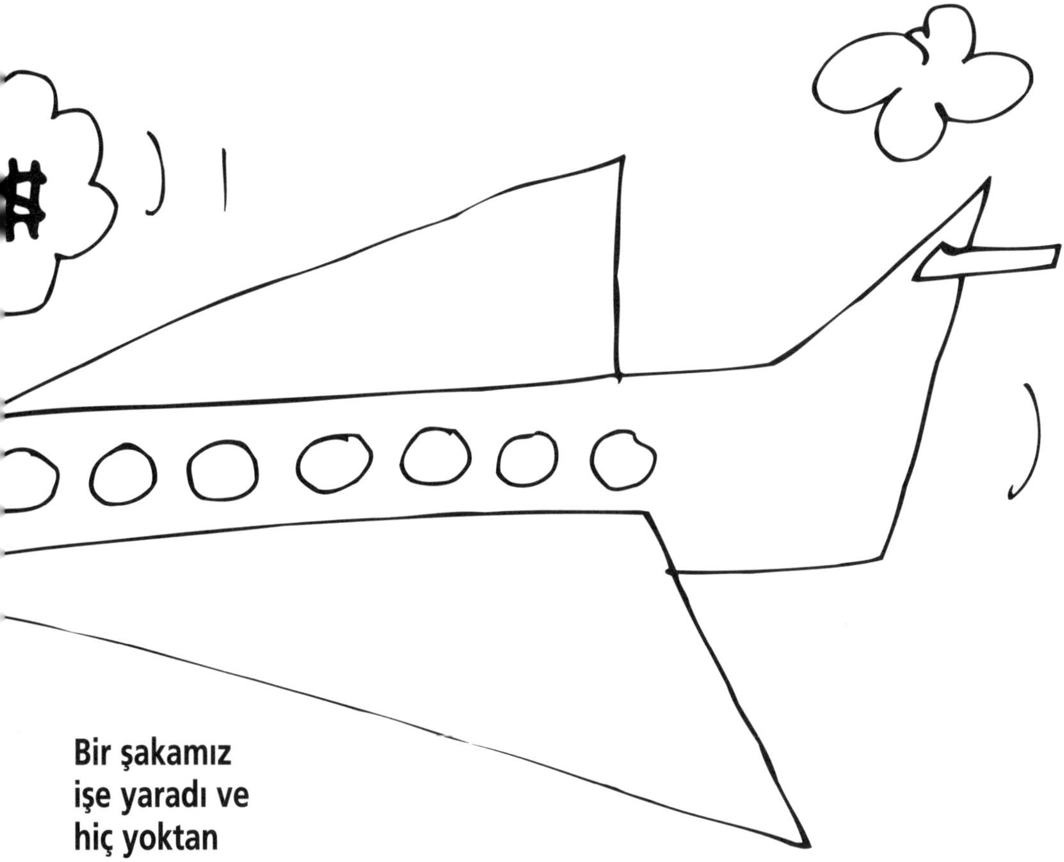

Bir şakamız işe yaradı ve hiç yoktan 400 dolar kazandık!

tim bilet işini görevliye söyledim: "Concorde'un bekleme salonunda oturun bileti yapıp getiririz" dediler. Salonda oturup kahve içiyoruz. Uçakta 2 saat gecikme olacağını anons ettiler. Bu arada görevli kız geldi. Demirören'in biletini değiştirmiş, 149 dolar fark istiyor. Ben Erdoğan'a lisan bakımından yardım ediyorum.

Dedim ki kıza: "Biraz evvel 2 saat gecikme olacağı anons edildi. Biz Concorde'a niçin biniyoruz? Üç saat kazanmak için. Siz 2 saat gecikme yaptınız. "As a penalty" (ceza olarak) ne ödeyeceksiniz? Vermiyoruz, 149 doları."

Kız, "Benim elimden bir şey gelmez. Ben sadece bileti değiştirdim" diye cevap verdi. Erdoğan çıkardı parayı ödedi. Gülüştük görevli hanım yanımızdan ayrıldı, tam tayyareye bineceğimiz zaman, bizi çağırdılar, hem eşim Türkan'a, hem bana "As a penalty for delay" (gecikmeden dolayı ceza olarak) 200'er dolar verdiler. Concorde bileti sadece gidiş 1500 dolar. 200'er dolar geri aldık. Bu parayı herhangi bir İngiliz hava şirketinden bilet almak veyahut fazla bagajı ödemek için kullanabilirim. Herkese gecikmeyi telâfi için para ödüyorlar mı, yoksa ağlamayan çocuğa meme verilmez misali, sadece isteyene mi veriyorlar, bilmiyorum. Ama bir şakamız işe yaradı ve hiç yoktan 400 dolar kazandık!

Rusya'dan hikayeler

Özal, işadamları ile yurtdışı seyahatlere çıkıyordu. Davetli olduğum seyahatlerin bir kısmına katılamadım. Rusya gezisine giderken Özal telefonla arayıp katılmamda ısrarcı oldu.

Yıl 1985...Rusya henüz, silkinememiş... Komünizmin ideolojisi gevşemiş ama, ekonomide sıkılığı devam ediyor.

Rusya'ya giderken Muammer Karaca'nın hikayesi aklımda...

Rahmetli Muammer Karaca, tiyatrosunda günlük olayların çelişkilerini sergileyip, bunlarla halkı güldürürdü. Fakat olayların sergilediği yanları insanı önce güldürür, daha sonra düşünmeye sürüklerdi. Bana anlatıldığına göre bir oyununda şu tip bir karşılıklı konuşma geçiyordu:

- Eyvah, Türkiye'ye komünizm geliyormuş...

- Boş ver gelsin, endişe etmeye gerek yok...

- Ama nasıl olur?

- Nasıl oluru var mı, komünizm hele bir gelmeye görsün, biz onu kendimize öyle bir uydururuz ki, geldiğine geleceğine pişman olur...

Sıkı disiplini bozduk

Rahmetli Muammer Karaca'nın dediği kadar olmasa bile, kısa Rusya gezimizde, onların "sıkı disiplinini" birçok defa "şaka ile karışık" bozduk.

Grup seyahatinin bir başka psikolojisi oluyor. İnsanlar günlük streslerden kurtulmanın verdiği rahatlıkla, ciddiyet sınırlarını zorlayıp, biraz gülmek biraz da farklı şeyler yapmak arayışına yöneliyor. Rusya'da karıştığımız "şakaları" da bu gözlükle değerlendirmek gerekir.

Lenin'in mezarını (mozolesini) gezdikten sonra topluca meçhul asker abidesine gidildi. Programa göre Başkanımız Özal orada heyetten ayrılacak, SSCB Yüksek Prezidyum Başkanı Gromiko'yu ziyaret edecekti.

Gazetecilerin bu ziyareti fotoğraflamalarına izin veriliyordu. İçimden birden gazetecilerin arasına karışıp, Gromiko'nun yanına çıkma isteği geldi.

Gazetecilerin arasına karıştım, katıldım, resmi binanın kapısından içeriye daldım. Bizim Kayseri'de bir atasözü vardır. "...Akıllı düşünene kadar deli çaya dalar, geçermiş..." (Tabii bu arada boğulup giden

Olay Tan'la birlikte odaya ilk dalanlardan biri oldum.

de olurmuş ya... O başka mesele...)

Baktım gazetecilerin elinde Sovyet makamlarının verdiği birer mavi basın kartı var. Benim ise böyle bir şeyim yok.

Binanın girişinde ilk kontrol barikatı vardı. Üniformalı görevliler ciddi ciddi mavi basın kartlarına bakıyor, karttaki resim ile gazetecilerin yüzleri arasında

benzerliği kontrol ediyorlardı. Rus gazeteciler, Türk gazeteciler, yabancı gazeteciler. Ben en arkalarda bekliyorum. Önce dikkatli, sonra yorgun, daha sonra gazeteci olduğumuza kanaat getirip gevşek kontrol. Sıra bana geldiğinde elimi cebime atar gibi yapıp bir şey göstermeden ilk barikatı geçtim. Üniformalı görevliler bir şey söylemedi.

Baktık, iki liderin odasına girerken bir kontrol merkezi ikinci bir barikat daha kurulmuş. Bu sefer yakayı ele veririz diyordum ki, gözüme gazeteci arkadaşım Olay Tan ilişti. Baktım boynunda iki makine var. Birini aldım, kendi boynuma geçirdim. Herkesi yara yara, telaşlı, acelesi olan biri tavrıyla üniformalı kontrol memurlarını geçip Olay Tan'la birlikte odaya ilk dalanlardan biri oldum.

Bu çok ilginç bir tecrübedir. Rusya gibi disiplinli, herşeyin kontrol altında olduğu bir ülkede bile bu tip "atlamalar" mümkün olabiliyor ise, demek ki "güvenlik önlemi - sıkı kontrol falan diye bildiğimiz birçok tedbir" yetersiz kalabiliyor.

Sabancı'nın canı Lenin'in mozolesini görmek isterse

Rusya'da her yerde kuyruk. Rus halkı kuyruğa alıştığından saatlerce bekliyor. Müzede kuyruk, tiyatroda kuyruk, lokantada kuyruk. Türk halkı ise kuyruğa tahammül edemez. Hele Sabancı gibi tez canlı olanlar.

"Kuyruk" konusu Ruslar'ın günlük hayatının ayrılmaz bir parçası olunca, "kuyruklarla" alay eden hikayeler uydurmuşlar. Hele bir kuyruk hikayesi var ki, Rusya'ya gelen her tanınmış yabancı için (onun ismine uydurularak) tekrarlanmış. Benim hoşuma gitsin diye bu hikayeyi (Sabancı adı kullanılarak) bana da anlattılar. Güldüm. Daha önce bir başkasından, bu hikayenin Rusya'ya ge-

len Amerikalı Coca Cola Fabrikası Yönetim Kurulu Başkanı'nın adının kullanılarak anlatıldığını duymuştum. Benim adıma çevrilerek anlatılan hikaye şöyle: "Ruslar'ın en değerli kalpakları, yavru kuzu derisinden yapılırmış (astragan). Sabancı bunu duymuş. Berözka mağazalarından birine girip, bu cins bir kalpak istemiş. Tezgahtar 'Sipariş alırız ama bir hafta sonra teslim ederiz' diyormuş. Halbuki bir hafta sonra Sabancı Rusya'da olmayacak. Fark ettirmeden tezgahtarın eline 10 dolar sıkıştırmış. Tezgahtar birden değişmiş. "Akşam üzeri buyurun efendim, kalpağınız hazır' demiş.

Derken akşam üzeri Moskova Sirki'ne

Lenin'in mumyasını burada mı göreceksiniz, yoksa akşam otelinize mi getirelim?

gitmişler. Kapıda uzun bir kuyruk. Hem de on gün sonrasının biletleri satılıyor. Sabancı kuyruğu düzenleyen görevlinin eline 50 dolar sıkıştırmış, 'Bu akşam ben ve arkadaşlarım sirki görmek istiyoruz' diye fısıldamış. Biraz sonra görevli dört adet biletle gelmiş.

Sabancı, Lenin'in mezarını görmeye gittiğinde aynı kuyruğa hem de daha uzununa orada rastlamış. Bu sefer kuyruğa girmeye hiç niyetlenmeden görevlilerden birine işaret etmiş. Daha önce zarfın içine koyduğu dolarları adama vermiş. 'Git amirinle bir konuş bakalım, bizim için özel bir muamele yapabilecekler mi? Vaktimiz çok kısa, Lenin'in mumyasını da muhakkak görmek istiyoruz' demiş.

Görevli zarfın içinde ne olduğuna bakmadan ortadan kaybolmuş, bir süre sonra koşarak nefes nefese Sabancı'nın yanına dönmüş. Amirim soruyor, "Lenin'in mumyasını burada mı göreceksiniz, yoksa akşam otelinize mi getirelim?"

Son günlerde güncel olan ve bana anlatılan başka bir Rus hikayesi de şöyle:

"Kremlin'de bir Rus ile bir Türk karşılaşmışlar. Türk sormuş, "Saat kaç?" diye. Rus keyifle saatine bakmış. Seneyi, ayı, günü, saati ve hatta saniyeyi dahi söylemiş. Türk, 'Bu harika saat Japon teknolojisinin ürünü mü?' demiş. Bunun üzerine Rus iftiharla, Rus teknolojisinin ürünüdür, dedikten sonra yerdeki iki ağır bavulu kaldırırken, 'Ah! Bir de şu pil sorununu halledebilselerdi' demiş.

Moskova'dan bürokrat hikayeleri

Moskova'da resmi, resmi olmayan yemeklerde, yanıma düşen Ruslar'la sohbet etmeye çalıştım. Bir süre sonra dostluk bağları kuruluyor. Kendilerini tenkit eden tatlı fıkraları bile çekinmeden anlatıyorlar.

Dikkat ettim. Bu fıkraların çoğu Rusya dışında Ruslar için uydurulan hikayeler. Fakat Ruslar'ın bunları benimsemeleri, kompleks duymadan anlatmaları ilginç...

İşte, biri:

Rusya'daki tahrip gücü
en yüksek silahımız o
lacivert elbise ile geçen
insanların kendileri...

1 Mayıs'ta Moskova'da, Kızıl Meydan'da büyük resmi geçitler düzenlenirmiş. Bu resmi geçitlerde genellikle Sovyetler'in en son yaptıkları en modern silahlar sergilenirmiş.

Sovyetler başarılarını, güçlerini göstermek için, yabancı heyetleri, yabancı ülke temsilcilerini de törenlere davet ederlermiş.

İşte, gene böyle 1 Mayıs törenlerinden birinde, tribünde Sovyet Polit Büro liderleri, devlet adamları, yandaki tribünde yabancı misafirler, yabancı misafirlerin arasına serpiştirilmiş mihmandarlar, resmi geçit hattında, sergilenen silahlar hakkında onlara kendi dillerinde bilgiler veriyor. Füzeler geçmiş, atom başlıklı toplar geçmiş, uçaklar geçmiş. Sıra yıldız savaşları için geliştirilen lazerli vuruculardа... Amerikalı uzman heyecanlı, mihmandara fark ettirmeden resimler çekmeye çalışıyor... Bir yandan da soruyor;

-Yoldaş, en son silahınız bu mu?

-Yok, en son, en tehlikeli silahımız; resmi geçit biterken, kortejin sonunda yer alacak... diye mihmandar cevaplıyor.

Ve ekliyor: Amerika'ya üstünlüğümüzü sağlayan esas tahrip gücü yüksek özel silahımız, o'dur...

Amerikalı heyecanla bekliyor.

Resmi geçit bitmek üzere, kortejin sonu gözüküyor.

Silahların ardında yürüyen, lacivert elbiseler giymiş bir saf halinde Rus erkekleri... Amerikalı atılıyor;

-En son ve en tehlikeli, tahrip gücü yüksek silahları herhalde bu lacivert elbiseli insanlar ceplerinde taşıyor.

Ben resim çekemeyeceğim... Mihmandar gülümsüyor:

-Merak etme çekersin, çekersin. Çünkü bizim Rusya'daki tahrip gücü en yüksek silahımız o lacivert elbise ile geçen insanların kendileri... Çünkü onlar, bürokratlardır.

Bürokrasi ve tavşan hikayesi

Rusya'da gene bir yemek sırasında, yanımda oturan bir Rus'dan kendi bürokrasileri ile ilgili olarak şu hikayeyi dinledim.

Rusya'da bir tabii park kurmuşlar. Bu tabii parkta bütün hayvanlar serbestçe dolaşıyormuş. Ancak, bakmışlar ki, zürafalar, uzun boyları ile uzanıp nadide ağaçları tahrip ediyor, yapraklarını, meyvelerini koparıyorlar. Bunun üzerine idare karar vermiş. Zürafaları kısırlaştıralım, üremesinler, onlar yüzünden bütün ağaçlar zarar görmesin.

İdare, hayvan bakıcılarını çağırmış. Bu talimatı bakıcılara vermiş. O sırada oradan geçmekte olan tavşan konuşmalara şahit olmuş. Ve başlamış can havliyle koşmaya.

Tavşan her zaman koşar ama bu seferki koşuşunda bir başkalık var. Tilki yolunu kesmiş, "Tavşan kardeş, nedir bu telaşın..." Tavşan,"Kaçıyorum tilki kardeş, kaçıyorum. Kısırlaşmadan kurtulmak istiyorsan, sen de kaç." Tilki, "Neden, ne oluyor?" "Şimdi duydum, ağaçlara zarar veriyor diye, idare zürafaları kısırlaştırmaya karar vermiş..." Tilki, "Üzüldüm, vah, vah... Ama kısırlaştırılacak olan zürafalar, sen ne kaçıyorsun?" Tavşan, "Sen alay mı ediyorsun, idarenin bürokrasisine, zürafa olmadığımızı, senin tilki, benim tavşan olduğumuzu anlatana kadar bizi kısırlaştırır, giderler. Hadi durma yallah..." demiş ve çılgınca koşmayı sürdürmüş.

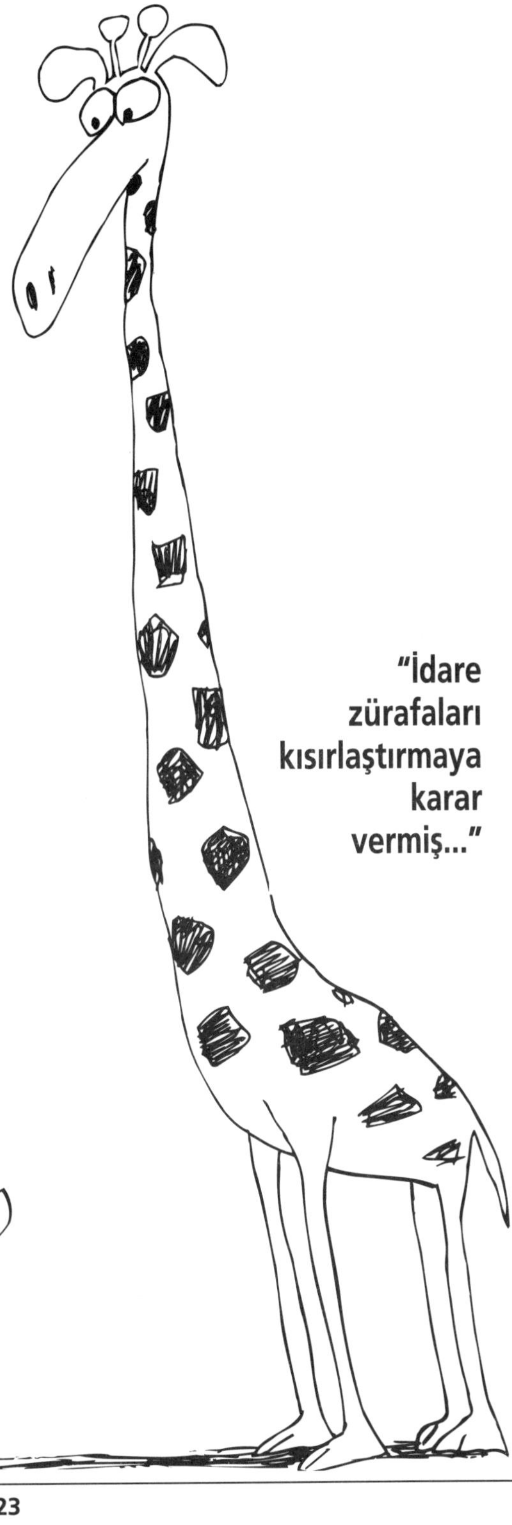

"İdare zürafaları kısırlaştırmaya karar vermiş..."

Timur ile ilgili ilginç bir hikaye

Semerkand'da Timur ile ilgili ilginç bir hikaye dinledik.

Timur zamanında Semerkand'da büyük bir mermer havuz varmış. Bu havuza ağzına dek, silme su doldurulurmuş. Sefer öncesi Timur bütün askerleriyle bu havuzun başına gelirmiş. Dua okur ve daha sonra her asker havuzdan su içermiş.

Sefer dönüşü, Timur askerleriyle Semerkand'a girmeden gene havuz başında duraklar, aynı şekilde dua edilir, sonra havuzdan su içilirmiş.

Timur giderken ve dönüşte havuzdan eksilen suya bakıp, sefere kaç askerle çıktığını ve ne kadar telafat verip kaç askerle döndüğünü hesaplarmış.

Diplomat ile kadının evet ve hayır demesi

Leningrad'da bir yemekte yanıma bir Rus oturmuştu. İsmi meşhur Votka ismine benzediğinden, hiç unutmadım. Simirnoff. Soyadı da Ana-

dolu kelimesine benziyor: Anatoiy... Kendisine isminizin Türkçesi (Anadolu Votkası) diye takıldım. İşte, bu Simirnoff Anatoiy yoldaş ile yemekten sonra dondurma yerken sordum: Moskova dondurması mı güzel yoksa Leningrad dondurması mı? "Ben Leningrad'da yaşıyorum, tarafsız olamam" dedi. O halde Moskova dondurmasının daha güzel olduğunu söylemek istiyorsunuz diye sordum? "Belki" dedi. Karısı da aynı soruyu "Belki" diye cevaplayınca, Simirnoff yoldaş,

"Dikkat Bay Sabancı, karımın belkisi ile benim belkim farklıdır."

"Dikkat Bay Sabancı, karımın belkisi ile benim belkim farklıdır" dedi. Ve şu hikayeyi anlattı... "Eğer bir diplomat evet derse, bu belki demekmiş. Belki derse, hayır demekmiş. Çünkü bir diplomat hiçbir zaman hayır demezmiş. Bir kadın hayır derse, belki demekmiş. Belki derse evet demekmiş... Bir kadın hiçbir zaman evet demezmiş..." Simirnoff yoldaş bu hikayeden sonra; "Bay Sabancı" dedi, "Ben belki demekle, size hayır demek istedim, karım ise evet dedi, bilmem anlayabildiniz mi?..."

Moskova'da nikah şahitliği yaptım

Moskova'da Rus insanının da önemli olaylarından biri olan evlenme törenlerini izlemek isterken, bir nikahta şahitlik etmem de unutamayacağım bir hatıradır. Nikah dairesinin önü gerçekten kalabalıktı... Ruslar yanında başka ırklardan, milletlerden insanların da nikah için bekledikleri dikkat çekiyordu. Benim hayret ettiğim, kucağında çocuğu olan gelinlerdi... Böyle bir Afrikalı aile ile konuştuk. Onlar çoktan yola çıkmış, atı alıp, Üsküdar'ı aşmış, yolu yarılamış, şimdi işin formalitesini tamamlamak için bekliyorlardı.

Çavina Tuzicobev isimli 20 yaşında bir üniversite öğrencisi kız, Dova isimli genç, kendi yaşında sınıf arkadaşı ile nikahlanıyordu. Sacide Seyida isimli Türkçe bilen bir yakınları ve Khallaf Alla isimli arkadaşları bize sıcak ilgi gösterdiler. Geleneksel sağdıç kuşağını başımdan geçirdiler, benim şahit olmamı istediler. Çok duygulandım. Törene katıldım. Törenden sonra gelini, damadı tebrik ettim. Beraber resimler çektirdik. Nikah dairesine giderken, yanıma bir kutu Bebek bademezmesi almıştım. Onu açtık, geline, damada, davetlilere ikram ettik. Alanlar oldu, çekimser davrananlar oldu. Ama çekimser davrananları kim gönlüne bırakır ki... Hareketlerimizle, tercümanın da yardımıyla herkese elimle ikram ettim. Aldılar ve memnun oldular.

Milyarder dulu neden tavladım?

Çok sevdiğim bir hikâye vardır: Bir genç erkek çocuk, arkadaşına, bir genç kız ile arkadaşlığını anlatır.

"Onu, şöyle tavladım. Böyle tavladım. Bana şöyle hayran, böyle hayran..."

Sonra devam eder... "Biliyor musun dün başımıza ne geldi?"

Arkadaşı merak ile sorar: "Ne geldi, ne geldi?"

"Onu ormana gitmeye razı ettim. Bir ağacın altına oturduk. Ona şiirler okudum. Kendinden geçti. Her şeyim senin dedi..."

Arkadaşı heyecanla atılır: "Sen ne yaptın?"

"Her şeyim senin deyince, ben de bisikletini aldım, kaçtım..."

Benzer bir olay, benim başımdan geçti.

1987 yılında büyük kızım Dilek ile "baba-kız" bir gemi gezintisi yaptık. Alaska'da dolaştık. Bindiğimiz büyük geminin kaptanı,

Biz, hanımla dostluğu ilerlettik, o bekliyor ki, ben "dostluktan, arkadaşlıktan" söz edeyim.

her akşam değişik yolcuları masasına davet ediyor. Bir akşam da kızım ve ben, kaptanın misafiri olduk.

Bizim bindiğimiz tip lüks gemilerin biletleri pahalı. Bunlara yaşlı çiftler, fakat çoğunlukla, kocaları ölmüş, onlardan kalan mirası yiyen, yaşlı ve yalnız Amerikalı kadınlar katılıyor.

Bu kadınlar için son ümit... Bu tip gezilerde yaşlı bir erkekle tanışıp hayatlarının son günlerinde yalnız kalmaktan kurtulup gerçek bir arkadaşlık bulmak...

Ben, yanımda karım olmadığından, geminin normal tiplerinden değildim. Allah bilir ya, kızımla baş başa bu seyahatte bizi gören yaşlı dullardan bir kısmı "herhalde" ümitlenmiştir. "Bu adam acaba tavlanır mı?" diye düşünmüştür. Sakın aklınıza gelmesin, ben çok yakışıklıydım, kadınlar bana hayran oldu, demiyorum. Tersine, gemide yüzlerce yalnız kadına karşılık, kızı ile yanında eşi olmadan seyahat eden tek erkek bendim.

İlla bana hayran olduklarından değil; yalnız kalmamak, arkadaşlık etmek için yaşlı hanımlardan epey ilgi gördüm.

Bunları anlatıyorum. Çünkü kızım, hanımların ne kadar yaşlı olduğunu karıma dönüşte izah etti. Onun için karımın bu konuda yanlış bir anlamaya düşmesine imkân yok.

Hatta kızım ile arada şakalaşıyorduk:

"Kızım, bak şu seksen yaşındaki hanım nasıl? Acaba onu mu tavlayayım, yoksa yanındaki seksen beşliği mi?"

Kızım bana taktik veriyordu:

"Babacığım şu seksenlik çok zenginmiş. Dokuz tankeri petrol taşıyormuş. Öbürünün Teksas'ta 500 bin sığırlık çiftliği varmış. Yanındakinin petrol kralı kocası yeni ölmüş" diye...

İşte böyle bir havada, bir yaşlı hanımın (adını burada vermek istemiyorum) dünyanın en büyük gıda maddeleri topluluğunun sahibi olduğunu öğrendim. Onun da kocası birkaç yıl önce ölmüş. Şirketin yönetiminde hanım etkinmiş.

Ben yıllardır, bu şirketin Türkiye'ye gelmesinin yararına inanmış bir kimseyim.

Bu şirket, dünyanın en iyi gıda maddeleri teknolojisine sahip, her ülkede adı biliniyor. Herkes malları kapışıyor.

Kaç yıldır bu firmanın Türkiye'ye getirilmesi için değişik çabalar gösterildi. Netice vermedi.

Kızıma dedim ki: "Bak, sen bana yardım edeceksin, ben bu hanımı tavlayacağım... Dönünce annene hanımı aşk için değil, bisikletini kapıp kaçmak için tavladığımızı anlatmak senin vazifen..."

Yemek vakitleri, eğlence, gösteri zamanlarını kolluyorum... Hanımın yanına çöküyorum. Önce selamlaşma, sonra gülüşme, nihayet sıcak dostluk başladı.

Hanım bana hiç eşin var mı diye sormuyor; (karım duymasın) ben de illa doğrucu davutluk yapıp, "Benim karım Türkiye'de beni bekliyor, ben onu çok severim, biz mesut bir aileyiz, sadece kızımı gezdirmek için bu seyahate yalnız çıktım. Yoksa biz hep karımla seyahatlere çıkarız" falan demiyorum.

Bizim dostluk ilerledikçe, kızım Dilek kıs kıs gülüyor.

"Baba, bu işin sonu fena olacak... Anneme her şeyi anlatacağım" diye benimle şakalaşıyor.

Biz, hanımla dostluğu ilerlettik, o bekliyor ki, (çok iyi fark ediyorum) ben "dostluktan, arkadaşlıktan" söz edeyim. Erkek anlatımıyla "durum müsait..." Ama benim derdim hanımın bisikleti. Firmayı kim yönetiyor, başka ülkelerde yatırım kararını kim veriyor, neden Türkiye'ye bugüne kadar yatırım yapılmadı, bundan sonra mutlaka Türkiye'ye gelmeleri lazım.

Çok isabetli ve kârlı bir iş yapmış olurlar...

Ben "bla-bla" bunları sıralıyorum...

Seyahatin sonuna yaklaştık. Ben, hikâyedeki gibi hanımın "bisikletini kapıp kaçmayı" beceremedim ama herhalde bisikleti yerinden oynattım. Hanımın kulağına kar suyunu kaçırdım.

Belki o da başka bir şey beklemiyor, sadece seyahatte iyi bir arkadaşlık kurmak istiyordu.

Ne ise, bu hikâye de el sıkışarak, tatlı tebessümler ve değiş tokuş yapılan adreslerle noktalandı.

"Alaska'da âdettir,
biz her yabancı ile
dostluk kuramayız."

Alaskalı ile dost olmanın şartı

Gemi seyahati boyunca Alaska hikayeleri anlatıldı. İşte sizlere Alaska hikayeleri...

★★★

Alaska'da özellikle altın arayıcıları döneminden kalma yüzlerce eski bar var. Yerli halk, bu yabancı maceraperestlere soğuk davranır, onlarla dostluk kurmaktan kaçınırmış.

Bir gün, Amerika'nın Teksas eyaletinden gelen altın peşindeki eski bir kovboyun yolu, Alaska'ya düşüyor.

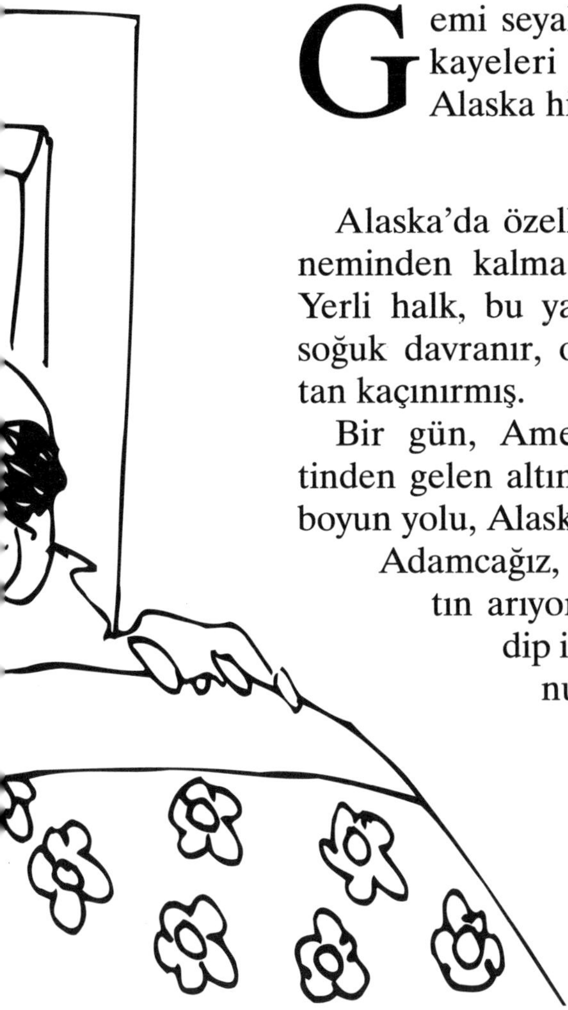

Adamcağız, gündüzleri tek başına altın arıyor... Geceleri bir bara gidip içki içiyor. Kendisi ile konuşmak bir yana, kimse selamını bile kabul etmiyor... Bir gece, iki gece, beş gece, on beş gece... Kovboyun canına tak ediyor.

Kafayı iyice çektiği bir gece... Bardaki yerlilere dönüyor: "Heyyyt be!... Nedir bu bana soğukluğunuz... Niye benimle bir çift laf etmiyor, dostluktan kaçıyorsunuz?..."

Yaşlı bir Alaskalı yerinden doğruluyor, kovboya yaklaşıyor, "Bak evladım" diyor... "Alaska'da âdettir, biz her yabancı ile dostluk kuramayız. Ama sen, bizden biri olduğunu ispat edersen, durum değişir..." Kovboy hazır "Söyle amca, sizden biri olduğumu ispat etmem için ne yapmam lazım?" Yaşlı Alaskalı şartları sıralamış: "(1) Önce üst üste on bardak viski içeceksin. (2) Sonra bir Eskimo hanımı ile arkadaşlık edeceksin. (3) Nihayet ellerinle bir beyaz ayıyı yakalayacaksın. Boğazından sürükleyip buraya kadar getireceksin..." Teksaslı'nın sabrı yok... "Bunu şimdiye kadar neden söylemediniz?" demiş. Hemen barmene dönmüş, on bardak viski yuvarlamış. Ve de yaşlı Alaskalı'nın sıraladığı diğer şeyleri yapmak üzere bardan dışarıya atmış kendini... Dışarıda hava buz... biraz sonra kapı açılmış. Teksaslı perişan halde barın ortasına kadar yürümüş. Ayakta duracak hali yok. Elbiseler paramparça, el yüz tırmıklanmış, kanlar akıyor... Yaşlı Alaskalı'ya sormuş: "Amca, şimdi üçüncü olarak ben ne yapacaktım? Bir Eskimo kadını ellerimle boğazından yakalayıp sürüyerek bara mı getirecektim?"

Alaska'daki buzdolabı modası

İster inanın, ister inanmayın ama Alaska'da buzdolabı "yok" satıyor. Buzlarla kaplı ülkede, kişi başına düşen buzdolabı sayısı Amerika'nın en sıcak bölgelerindekinden bile fazla. Çünkü, Alaskalılar, buzdolabını "ısıtıcı" olarak kullanıyorlarmış!...

Arkadaşlarımdan Özer Yelçe, ben Alaska'ya giderken ilginç bir şeyden söz etmişti. Bir yabancı dergide okumuş.

Amerika'da bir kuruluş, bir buzdolabı fabrikası için pazar araştırması yaparken inanılmaz bir şey tespit etmiş. Fabrikanın en iyi müşterisi Alaska... Alaska'da kişi başına düşen buzdolabı kullanımı, Ame-

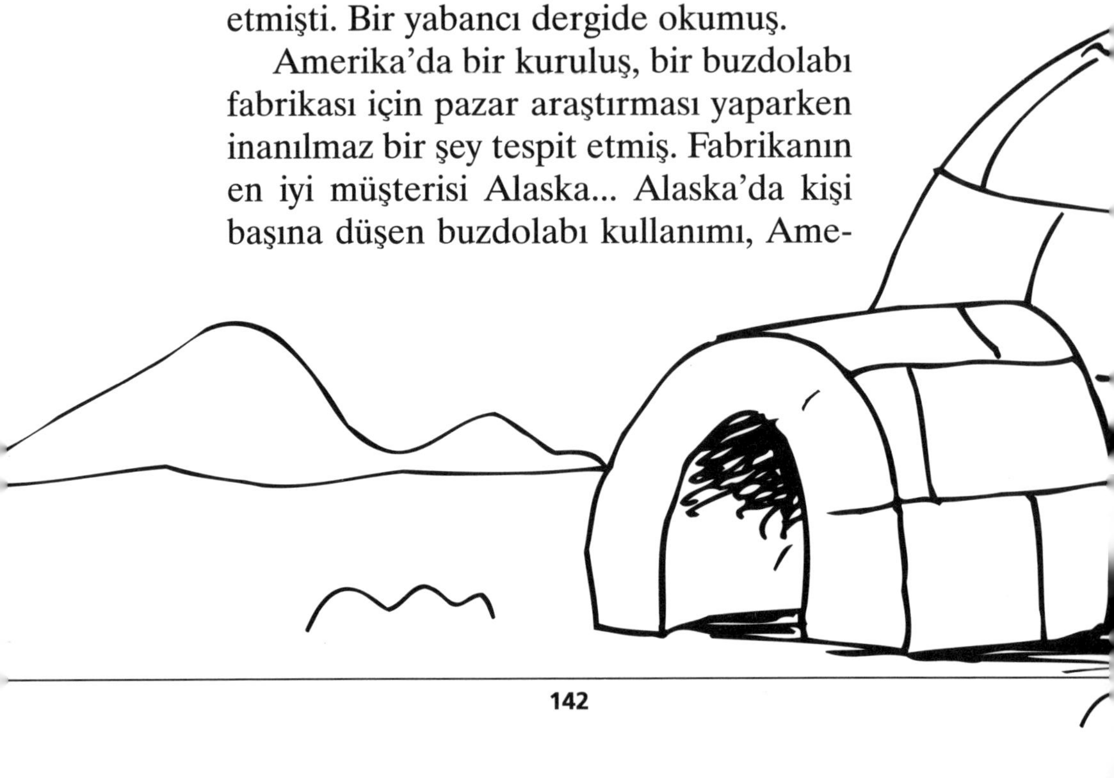

rika'nın sıcak bölgelerinden bile fazla. Buna inanamamışlar.

"Araştırma yanlış sonuç verdi" demişler.

Adam gönderip bir daha araştırma yaptırmışlar.

Sonuç aynı...

Meğer, Alaska'da hava çok soğuk olduğundan, orada yaşayanların iki alternatifi var. Ya gıda maddelerini yaşam sıcaklığında saklayacaklar, o zaman bozuluyor. Ya da evin dışında saklayacaklar, o zaman da kısa sürede ve gereğinden fazla donuyor. Bunun için Alaska'da soğuk bölgelerde yaşayanlar, buzdolaplarını, gıda maddeleri dışarıda kalıp donmasın diye "ısıtıcı" olarak kullanıyorlarmış.

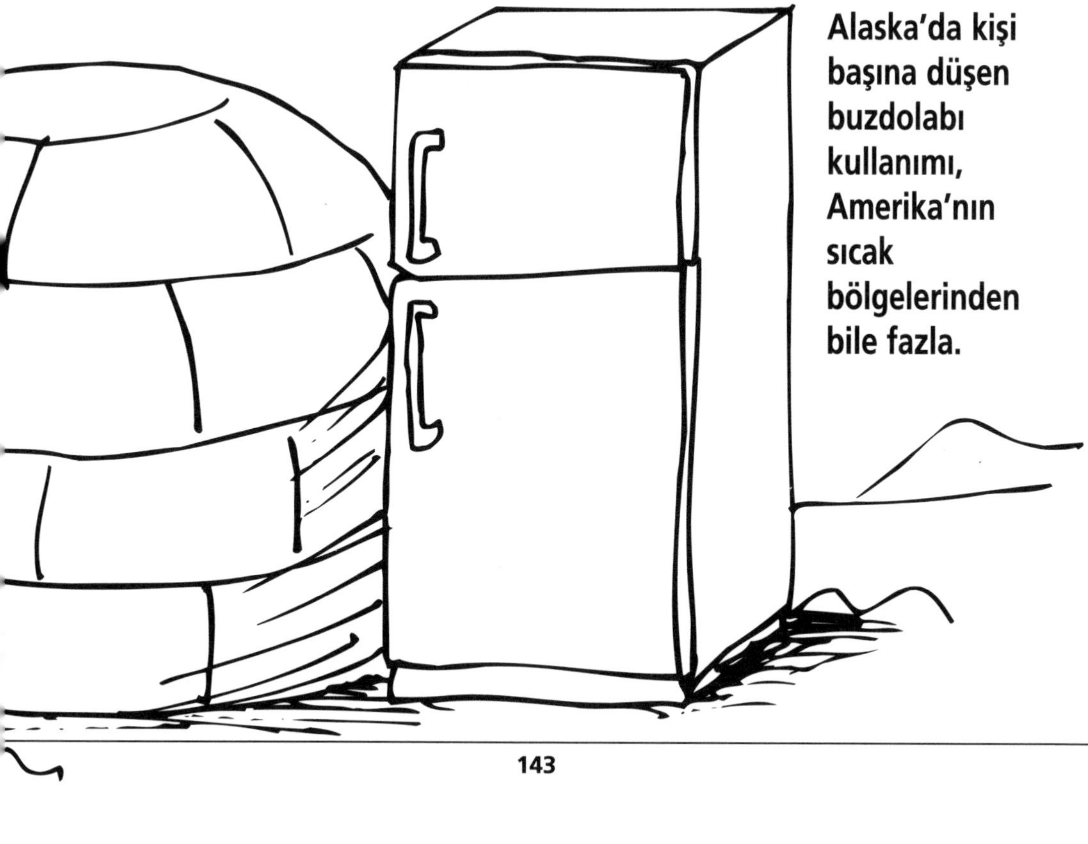

Alaska'da kişi başına düşen buzdolabı kullanımı, Amerika'nın sıcak bölgelerinden bile fazla.

Bir "Özal" hikayesi

Teoman Baykal'ı Adana'da tanıdım... 1960'lı yılların başı idi... Devlet Planlama Teşkilatı kurulmuş, Çukurova'da bir "bölge" teşkilatı oluşturulmuştu. Yapımı yarım kalan şe-

ker fabrikasının lojmanları plancılara tahsis edilmişti. Teoman Baykal, Bölge Teşkilatı'nın başında idi. Elektrik Mühendisi olan Teoman Baykal daha önce DSİ'de çalışmıştı. Çok renkli, bilgili, hoş sohbet, dinamik bir kişiliği vardı.

Turgut Özal, iki yanında üçer Amerikalı, elleri kelepçeli soyguncu da, Turgut Özal ile yanındaki Amerikalı'nın arasından başını uzatmış, sırıtarak gazete fotoğrafçısına poz veriyor.

Daha sonra Teoman Baykal, Devlet Planlama Teşkilatı'ndan ayrıldı. Ankara'ya döndü. "Proje ve Danışmanlık Bürosu" kurdu. Yabancı kuruluşlar ve devlet için ekonomik araştırmalar yaptı. Sanayiciler için fizibilite raporları yazdı.

Ankara'da Mithatpaşa Caddesi'ndeki bürosu bir buluşma yeri idi. Ben o yıllar Adana'dan Ankara'ya Odalar Birliği toplantılarına geldiğimde mutlaka uğrar sohbet ederdim.

Teoman Baykal tatlı tatlı hikayeler anlatırdı... O yıllarda Devlet Planlama Teşkilatı müsteşarlığına gelen Turgut Özal henüz kamuoyunda pek tanınmıyordu.

Teoman Baykal ve kendi gibi elektrik

mühendisi olan ve o da Elektrik Etüd İdaresi'nde çalışan Emel Hanım, Turgut Özal ve eşi Semra Hanım ile aynı ofiste aynı yıllarda bulunmuş, dost olmuştu.

Turgut Özal'ın "genelev" macerasını Teoman Baykal'dan dinlemiştim. Bugüne kadar kimseye nakletmediğim bu hikayeyi "hayatın tatlı yanlarından" söz ederken yazmak istedim.

Devlet Planlama Teşkilatı kurulmadan önce ABD'nin desteği ile oluşturulan Elektrik Etüd İdaresi, Türkiye'nin enerji politikalarını oluşturmak için bir ölçüde de ekonomik planlama birimi olarak çalışıyordu. Yerli ve yabancı uzmanlar birlikte ülkenin sorunlarını inceliyor, ekonomik potansiyelini belirliyordu.

Teoman Baykal'dan dinlediğime göre, Turgut Özal bu çalışmalarda en başarılı elemanlardan biri idi.

Olay Elektrik Etüd İdaresi'nde çalışan Semra Hanım ile Turgut Özal'ın evlenip, ilk çocuklarını beklediği yıllarda gerçekleşiyor.

Semra Özal çocuk beklediği için işten ayrılmış evde oturuyor. Turgut Özal da Ege Bölgesi'nin elektrik enerji ihtiyacını belirlemek için Türkiye'ye gelen Amerikalılar'dan oluşan yardım heyeti üyelerini İzmir'e götürüyor...

Ege Bölgesi'nde inceleme yapan altı Amerikalı işlerini bitiriyor. İzmir'de geceyi geçirecekler. Turgut Özal onları Kordon'da balık yemeğe götürüyor. Yemekten sonra iki faytona binip, İzmir turu atıyorlar...

Faytoncu yabancıları gördüğü için, ilgilenirler düşüncesiyle İzmir turu sırasında genelevlerin bulunduğu sokağa uğruyor.

Yabancılar "Şurası nasıl bir yer girip dolanalım" deyince, Turgut Özal itiraz edemiyor.

Takım elbiseli kravatlı altı yabancı, bir göbekli Türk sokaklarda ciddi ciddi dolanırken, birden bir bıçkın genç yabancıların üzerine saldırıyor, en babayiğidin cebinden cüzdanı çekip alıyor... Ve, başlıyor koşmaya... Şansa bakınız ki, cüzdanı çalınan da heyet başkanı... Turgut Özal hiç tereddüt etmeden kaçan hırsızın

peşine düşüyor. Hırsız, genelevin duvarından atlarken Turgut Özal bacağından çekip adamı altına alıyor. Ağzını burnunu dağıtıyor. Cüzdanı da elinden alıp, Amerikalı'ya veriyor.

İş bu kadarla kalsa iyi... Genelev polisi, hırsız yakalandıktan sonra "Zabıt tutacağız" diyerek Amerikalılar'ı ve Turgut Özal'ı karakola götürüyor. Gazetecilere haber veriyor. Genelevde, Amerikan Yardım Heyeti üyelerini soymaya kalktılar diyerek gazeteciler karakola hücum ediyor...

Bunlar İzmir'de olan bitenler...

Gelelim Ankara'da olan bitene... Bir sabah erken saatlerde Teoman Baykal'ın evinin kapısı çalıyor. Kapıyı eşi Emel Baykal açıyor. Kapıda Semra Özal... Gözler kan çanağı... Bir eliyle, mantosunun önünü kavuşturmaya ve hamilelikten patlayacak durumda olan göbeğini kapatmaya çabalıyor, öbür elinde bir gazete sallıyor...

Emel Baykal, "N'oldu Semra'cığım?"

diye sorar sormaz, başlıyor hüngür hüngür ağlamaya ve de elindeki gazeteyi uzatarak "Şimdi bu çocuk ne olacak? Bu çocuk yetim mi kalacak? Bu çocuk babasız mı büyüyecek?" der.

Emel Baykal o anda "Acaba Turgut Özal'a bir şey mi oldu?... Öldü mü?" diyor... Gazetede ölüm haberi okuyacağı endişesi ile eline alıyor.

Bakıyor, gazetenin birinci sayfasının tam göbeğinde kocaman bir resim... Resmin başında iri harflerle "Amerikan Yardım Heyeti İzmir Genelevi'nde soyuldu" yazısı var... Resimde en ortada Turgut Özal, iki yanında üçer Amerikalı, elleri kelepçeli soyguncu da Turgut Özal ile yanındaki Amerikalı'nın arasından başını uzatmış, sırıtarak gazete fotoğrafçısına poz veriyor. Resim altında da, uzun uzun Elektrik Etüd İdaresi'nin projesi için Ege'de tetkik gezisine çıkan Amerikan heyetinin başına gelenler hikaye ediliyor.

İşin iç yüzünü anlayınca Emel Hanım gülmeye başlıyor. Semra Özal'a "Semra sen aklını mı kaçırdın?... Kocan geneleve gitti diyerek, daha doğmamış çocuğun neden yetim kalsın... Turgut Özal geneleve gitti diyerek sen kocanı mı boşayacaksın?... Başka derdin mi yok?... Bir kahve iç, kendine gel..." diyerek teselli ediyor.

Emel Baykal ile Teoman Baykal İTÜ'den sınıf arkadaşı idi. İkisi aynı işyerinde işe başlamıştı. Çok tatlı bir çiftti. Emel Baykal ne kadar ciddi ise, Teoman Baykal da o kadar neşeli ve biraz (belki de birazdan fazla) çapkındı. Emel Baykal bu bakımdan "çapkınlık hikayelerine şerbetli" idi...

Ne yazık ki, Teoman Baykal'ı çok genç yaşta kaybettik. Emel Baykal iki çocuğunu büyüttü...

Semra Özal'ın o ilk heyecanı herhalde çabuk geçti ki, Turgut Özal ile mutlu, düzenli bir hayat yaşadılar.

İzmir Genelevi macerası da tatlı bir hikaye olarak kaldı.

Başınızı yastığa
koyun, gözlerinizi
kapayın, koyun
saymaya başlayın.

Koyun hesabı top hesabı

Gazetecilerle yaptığım söyleşilerde uyku sorunumu dile getiririm. Geceleri işleri düşündüğümü, çok kere uyanıp hatırıma gelen konuları bir kağıda not ettiğimi söylerim. Buna benzer bir söyleşiden sonra, bir arkadaşım bana gazeteden kesip sakladığı bir hikayeyi getirdi.

Bunu Hasan Pulur yazmış. Hikaye şöyle:

Adam zengin fakat gözü doymuyor. İş görüşmeleri, planlar, projeler, toplantılar, hesaplar, bilançolar, kâr, zarar, gün 25 saat olsa 25 saat çalışacak...

Sonunda bu hıza dayanamamış, biraz işi yavaşlatmış, fakat bu sefer de uyuyamıyor, uyku tutmuyor.

Doktora gidip derdini anlatmış; doktor yatağa girip koyun saymasını tavsiye etmiş:

- Başınızı yastığa koyun, gözlerinizi kapayın, koyun saymaya başlayın. Bir, üç, beş, on, yirmi, elli, yüz, üç yüz, beş yüz, bin, beş bin, on bin, sayın gitsin. Göreceksiniz o mübarek hayvanları sayarken dalıp gideceksiniz."

Adam iki gün sonra doktora gelmiş, daha perişan:

- Uyuyamıyorum doktor bey!
- On bin koyun saydınız mı?
- Saymaz olur muyum? On bin koyunu tek tek saydım, sonra hepsinin tüylerini kırpıp, yapağı yaptım, yapağıları eğirdim, yün oldu, dokuma tezgahları aldım yünleri dokudum, binlerce metre kumaşı top yaptım, sonra bir dikiş fabrikası kurup, kumaşlardan binlerce ceket diktirdim, ama bir de ne göreyim, ceketler astarsız! Her şeyi düşünmüştüm ama, astarı düşünmemiştim. Uykum kaçtı! Ne olur doktor bana bir çare!

Kıssadan hisseli hikayeler

Bizim zamanımızda köy kahvelerinde büyükler hikaye anlatır, her hikayenin sonunda da bir ders çıkarırdı. Aklımda kalan kıssadan hisseli üç hikayeyi nakledeceğim.

Padişahın aptal bir oğlu varmış. Bu aptal veliaht-şehzade, devletin itibarını sarsacak bir saçmalık yapmasın diye, padişah, veliahtın yanına, akıllı bir adam katmış.

Bir gün bir toplulukta devlet işleri konuşulurken, aptal şehzade şöyle bir düşünmüş. Sonra konuşmuş:

"Bir ok attım. Kebap oldu" demiş.

Bunu duyanlar, bu saçma laflara şaşırmış.

Ama, şehzadenin yanındaki akıllı adam, hemen müdahale edip, bu saçmalığı düzeltmiş.

"Şehzade ava çıkmıştı. Bir tavşana ok attı. Ok tavşana isabet etmedi. Bir kayaya çarptı. Çıkan kıvılcımdan ormanda yangın başladı. Tavşan da yanıp, kebap oldu" demiş.

Bu açıklamayı duyanlar, rahatlamış, gülüşmüşler. Sonra yine devlet işlerini konuşmaya başlamışlar.

Aptal şehzade durmamış. Yine bir saçma savurmuş:

"Bir ok attım, çorba oldu" demiş.

Bunu duyanlar, izah etsin diye, yine akıllı adama dönmüşler.

Akıllı adam, iki elini yana açmış.

"Bu kadar saçmaya, ben bile kılıf uyduramam" demiş.

Kıssadan Hisse: Ne makam, ne para, ne mirasa konmak, aptalları akıllı yapmaz.

Ama yine de, iyi danışmanlar, pek çok yanlışı, saçmalığı örtebilir. Ama bütün bunların da bir sınırı vardır.

"Ben sade
ayağımı değil,
bacağımı da
yıkarım."

Bir köye hoca gelmiş. Cemaate abdest almayı öğretiyormuş.

Hoca "Önce elinizi yıkarsınız" demiş.

Cemaatten biri atılmış.

- Hocaefendi ben, sadece elimi değil kolumu da yıkarım".

Hoca devam etmiş.

- Sonra ayağınızı yıkarsınız".

Aynı adam atılmış.

- Hocaefendi, ben sade ayağımı değil, bacağımı da yıkarım".

Hoca bu defa sinirlenmiş.

"Evladım sen, abdest almayı bırak, hamama gir, hamama, seni hamam paklar" diye bağırmış.

Kıssadan Hisse: Bir işi başarmak için, gereğinden fazlasını yapmak, faydayı unutturup, zarara yol açar.

Bu ekonomide de böyledir. Dükkan açıp, içine satacak mal koymak yerine, sadece vitrini süslerseniz, batarsınız.

Nasreddin Hoca'nın oğlu, babası ne söylerse, onun tersini yaparmış.

Bir gün oğlu tuz yüklü çuvalları eşeğin sırtına yüklemiş. Şehre gidip, pazarda satacakmış.

Hoca oğlunun huyunu bildiği için, yapmaması gerekenin tersini, öğütlemiş.

"Aman ırmaktan geçerken, köprüyü kullanma. Sal eşeği suya... Suyun içinden geçir eşeği" demiş.

Oğlan ırmağın kenarına gelince şöyle

Eşeği ırmağa sürünce, bütün tuzlar erimiş.

bir düşünmüş.

"Bugüne kadar hep babamın söylediğinin tersini yaptım. Bu defa sözünü dinleyeyim" demiş.

Eşeği ırmağa sürünce, bütün tuzlar erimiş.

Kıssadan Hisse: Kararlarınızı ve tavsiyelerinizi, adamına göre değil, doğru olan neyse ona göre belirleyin. Sözünüzü dolandırmayın, doğru konuşun. Bir gün bakarsınız, evlatlar bile baba sözü dinlemeye başlayabilirler.

Yahudinin borcu

Yahudi'nin biri Hıristiyan olmaya karar vermiş... Gitmiş derdini bir papaza açmış:

- Muhterem Peder! Ben bunca yıllık dinimi terk edip sizden olmak istiyorum. Çok günah işledim, pişman oldum.

Papaz sevinmiş:

- Çok güzel! O halde bütün günahlarının affedilmesini istiyorsun...

- Evet muhterem peder!

- Bütün kabahatlarının bağışlanmasını istiyorsun...

- Evet muhterem peder!

Papaz biraz düşünmüş:

- Bütün bunlar olur. Allah günah ve kabahatlarını affeder. Ama bir şey daha yapman gerek...

- Nedir o muhterem peder!

- İyi bir Hıristiyan olabilmen için bütün borçlarını da ödemen gerek...

Yahudi şöyle bir dikilmiş:

- Yooo muhterem peder, sen işin tadını kaçırdın. Biz burada dini anlaşma yapıyoruz, ticari değil!

"Yooo muhterem
peder, sen işin
tadını kaçırdın."

Allahın takdiri

Bektaşi'nin bir uyuz eşeği ile besili bir ineği varmış... İnekten süt sağıp satıyor, kazandığı paranın yarısıyla uyuz eşeğe arpa alıyormuş. Eşek bir işe yaramıyormuş. Bir gün dayanamayıp dua etmiş:

- Ey yüce Allahım, beni şu eşekten kurtar!

Ertesi sabah ahırın kapısını açmış ki ne görsün?

"Ey ulu Allahım, sana kırk yılda bir ricada bulunduk, onda da eşekle, ineği birbirine karıştırdın!"

İnek ölmüş, eşek kalmış...

Bektaşi o hırsla sokağa fırlayıp milleti başına toplamış:

- Ey ahali şu yerde yatan nedir?
- İnektir!
- Ya şu ayakta duran uyuz?
- Eşektir!

Bektaşi açmış ellerini yukarıya:

- Ey ulu Allahım, sana kırk yılda bir ricada bulunduk, onda da eşekle, ineği birbirine karıştırdın!

Bir gölün kıyısından geçerlerken adam kaldırıp kendisini suya atmış.

Minnet

Adam yaz günü yolda giderken bir yağmura yakalanmış. Ama ne yağmur!... Mübarek gök delinmiş sanki boşaldıkça boşalıyor. Yolda da altına sığınacak ne bir ağaç, ne bir dam var.

Arkadan gelen biri adamın haline acımış, çıkarmış çantasından bir yağmurluk uzatmış:

- Al bunu giy, bende fazla var!

Adam nasıl teşekkür edeceğini bilememiş, giymiş yağmurluğu sırılsıklam olmaktan kurtulmuş.

Biraz sonra yağmur dinmiş, çıkarmış yağmurluğu vermiş.

Yağmurluğun sahibi başlamış dırdırlanmağa:

- Yağmurluğu vermeseydim halin haraptı. Yağmurluğu vermeseydim perişan olacaktın.

Bir üç beş... Adam her seferinde teşekkür eder, öbürü de habire başına kakarmış:

- Ben yağmurluğumu vermeseydim."

Bir gölün kıyısından geçerlerken adam kaldırıp kendisini suya atmış bir dalıp, bir çıktıktan sonra bağırmış:

- Ulan yağmurluğunu vermeseydin, bundan da beter ıslanmazdım ya!

Melek mi, kaz mı?

Adamın adı Mazlum, soyadı da Masum'muş... Mazlum Masum bir gün ölmüş ve öbür dünyaya gitmiş, sorgu sual başlamış:

- Hiç içki içtin mi?
- Aman efendim...

- Kumar oynadın mı?
- Aman efendim...
- Kadınlarla aran nasıldı?
- Aman efendim, ben kim çapkınlık kim?

Cebrail dönmüş bağırmış:
- Oradan bir çift kanat getirin!

Mazlum Masum çok sevinmiş:
- Melek oluyorum, değil mi efendim?
- Hayır, kaz oluyorsun!

Küçük hikayeler

Küçük bir hikaye, insanı mutluluğa götürür. En sıkıntılı anında insanı güldürür.

Hikayelerin kaynağı farklıdır. İnsanlar birbirine anlatır. Bir yerlerde okur. Aynı hikaye döner dolanır, farklı şekilde gelir.

Burada beni etkileyen birkaç küçük hikayeyi nakletmek istiyorum.

Semer hikayesi

Kayseri'de eşek hikayeleri boldur. İşte onlardan biri:

Eşekler sevinç içinde tepişip duruyormuş. Yaşlı eşek merak ile,

- N'oluyor? Ne sevinç? diye sual eylemiş.

- Kayseri'nin ünlü semercisi öldü... Namussuz herif semerleri kötü yapardı. Sırtımız yara bere içinde kalırdı. Herif öldü kurtulduk, cevabını almış.

Yaşlı eşek,

- Bu kadar sevinmeyin demiş. O eski semercinin kötü semerlerine sırtımız alışmıştı. Şimdi onun yerini alacak olan bu işe sıfırdan başlayacak. Onun semerlerinin neremizi yara edeceği meçhul...

O eski semercinin
kötü semerlerine
sırtımız alışmıştı.

Sevgilim-Tatlım

Eskiden iyi dostmuşlar. Uzun süre birbirlerini görmemişler. Arkadaşlardan birinin yolu, öbürünün bulunduğu şehire düşmüş. Arkadaşını aramış. Öbürü buyur etmiş.

Şehire gelen karısı ile birlikte eski arkadaşının evine ziyarete gitmiş.

Sarılmışlar, öpüşmüşler... Oturmuşlar... Sohbet ediyorlar.

Misafir gelenin bir şey dikkatini çekmiş.

Ev sahibi arkadaşı karısına devamlı olarak iltifat ediyor:

- Şekerim bir bardak su verir misin?..

- Tatlım şuradan gözlüğümü getirir misin?..

- Bir tanem arkardaşıma kahve yapar mısın?..

- Canımın içi şuradan bastonumu uzatır mısın?..

Arkadaşı dayanamamış... Ev sahibinin karısı kahve yapmak için odadan çıktığında, arkadaşının kulağına eğilmiş.

- Maşallah bu ne aşk demiş!.. Altmış yıllık evlisiniz, karını canım, şekerim, tatlım diye çağırıyorsun...

Arkadaşı gülmüş,

- Ne yapayım demiş... İsmini unuttum!..

Ben kızarım

Gemi demir almış, kalkacak, üç tayfa kaptanla kavga edip ayrılmışlar. Kaptana tayfa lazım. Rıhtımın kenarında oturup ayaklarını denize sallandıran üç kişiyi görmüş, haber göndermiş:

- Eğer işleri yoksa gelip tayfa olsunlar!"

Üçü de işsiz, güçsüz, gelmişler.

Gemi açılmış, karadan uzaklaşmış, uçsuz bucaksız deniz, kaptan yeni tayfaları çağırmış:

- Gelin bakalım buraya, siz ne iş yaparsınız?

Biri öne çıkmış:

- Ben çok iyi görürüm!

- Neyi görürsün?

Adam elini kaşlarının üzerine, alnına götürmüş, başı, sonu görünmeyen denize bakmış ve anlatmış:

- Karşıda Hint Padişahı'nın sarayı var. Sarayın üçüncü katında soldan ikinci pencere açık. Padişahın kızı elindeki altın iğne ile atlas yorgana ipek ibrişimle nakış işliyor...

Kaptan "lahavle" deyip öbürüne dönmüş:

- Sen ne iş yaparsın?

- Ben de çok iyi duyarım.

- Neyi duyarsın?

- Hani biraz önce arkadaşım, Hint Padişahının sarayında altın iğne ile atlas yorgana nakış işleyen padişahın kızını görmüştü ya!

- Evet görmüş!

Adam elini kulağına götürmüş, bir süre dinlemiş:

- Tamam duydum!

- Neyi duydun?

- Padişahın kızı var ya! Hani altın iğne ile nakış işleyen...

- Evet ne olmuş ona? Yoksa şarkı mı söylüyor?

- Hayır efendim, elindeki o altın iğne, atlas üzerine düştü ve tınnn! Diye bir ses çıkardı. İşte onu duydum.

Kaptan hırsından herifleri denize atacak, ama bir de üçüncüye sorayım demiş:

- Sen ne iş yaparsın?

- Ben kızarım efendim?

- Neye kızarsın yahu?

Adam iki arkadaşını göstermiş:

- İşte bunlara kızarım, münasebetsiz palavracılara hiç dayanamam.

Sen benim kim olduğumu biliyor musun?

Türkiye'de adettir ya... Devlette güç sahipleri, özel sektörde cebi para görenler "Sen benim kim olduğumu biliyor musun?" havasına girerler.

Ünlü işadamlarımızdan biri, yurtdışından gelirken, pasaport kuyruğuna girmeden geçmek istemiş. Pasaport polisi uyarınca,

- Sen benim kim olduğumu biliyor musun?

Diyerek çıkışmaya kalkmış.

Pasaport polisi "Sizi şöyle alalım beyefendi" deyince de, "Tamam beni tanıdı" diyerek sevinmiş.

Pasaport polisi işadamını kenara çektikten sonra telsiz ile amirini aramış,

- Amirim, demiş, burada kim olduğunu bilmeyen bir beyefendi var. Bana kim olduğunu soruyor... Ben de onu tanımıyorum. Karakola mı getireyim, hastaneyi mi götüreyim?

"Amirim, burada
kim olduğunu
bilmeyen bir
beyefendi var."

Hoca canını
kurtarmak
için ağaca
tırmanmış.

İnşallah ben geldim

Nasrettin Hoca yatmadan önce karısına, "Yarın" demiş, "Hava güzel olursa tarlaya giderim. Yağış olursa ahırı temizlerim."

Karısı "Hoca efendi, inşallah de... İnşallah de..." diye uyarınca, Hoca isyan etmiş.

"Ne inşallahı yahu... Hava ya güzel olur, ya da yağar. Yağarsa ahırdayım, yağmazsa tarladayım... Var mı bunun inşallahı?"

Ertesi sabah hava açık. Hoca tarlaya gitmiş. Tarlada iken gök birden gürlemeye başlamış. Hava kararmış. Yağmur, sel... Hoca canını kurtarmak için ağaca tırmanmış. Gece yarısına doğru perişan halde eve ulaşmış. Kapıyı yumruklamış. İçeriden karısı gece yarısı bu gelen kim diye merakla sormuş, "Kim oooo?"

Hoca bitkin cevaplamış, "İnşallah ben geldim karıcığım... İnşallah ben geldim..."

"Bu iş o kadar
basit ki
göreceksiniz
benim şoförüm
bile bunu size
güzel güzel
anlatacak."

Şoför bile bilir

İşadamı ünlendikçe ünlenmiş... İnsanlar onun her söylediğinde bir hikmet olduğuna inanmaya başlamış... Oraya davet, buraya davet... İşadamı perişan hale gelmiş.

Her gün bir yere konuşma yapmaya çağırıyorlarmış... O şehir scnin bu şchir benim... Ne konuşacak... Aynı şeyleri tekrarlıyor...

Birlikte seyahat ettiği şoförü, her toplantıda patronunu dinleye dinleye patronunun anlatımını kapmış...

Bir gün küçük bir şehirde işadamı gene konuşma yapacak. Fakat çok yorgun.

Şoförü,

"Patron" demiş, "Burada sizi tanıyan yok. Sizin adınıza ben konuşmayı yaparım. Nasıl olsa söyleyecekleriniz ezberimde. Sizin konuşma tarzınızı da belledim... Olur biter. Siz otomobilde istirahat edin..."

Patron kabul etmiş. Şoför toplantı salonuna girip konuşmayı yapmış. Her şey düzgün giderken, konuşmanın sonunda dinleyicilerden biri parmak kaldırmış.

"Sayın işadamı, anlattıklarınız doğru da şu enflasyonu nasıl aşağıya indireceğiz. Enflasyon konusundaki tahminleriniz nedir?"

Şoför böyle bir soru beklemediğinden

duraklamış... Ama bozuntuya vermemiş. Ön sırada oturanlardan birine rica etmiş.

"Lütfen kapının önünde duran otomobilden şoförümü çağırır mısınız?"

Otomobilin içinde uyuklayan patronu uyandırıp getirmişler.

Patron şaşkınlıkla salona girince şoförü,

"Evladım" demiş, "Sayın dinleyicilerimden biri enflasyonun nasıl aşağıya çekileceğini ve enflasyon hakkındaki tahminleri soruyor. Lütfen anlatır mısınız?"

Sonra dinleyicilere dönmüş.

"Beyler" demiş, "Bu iş o kadar basit ki göreceksiniz benim şoförüm bile bunu size güzel güzel anlatacak."

Kayseri, Kayseri olalı böyle zulüm görmedi

Bir hikaye vardır... "Göya Devlet Senfoni Orkestrası konser vermek için Kayseri'ye gitmiş. Kayserililer ilk defa konser dinleyecek. Salon dolmuş. Konserden sonra bir Kayserili'ye "Nasıl konseri beğendiniz mi? İki saat müzik ziyafeti hoşunuza gitti mi?" diyerek soracak olmuşlar. Kayserililer'den biri de "Kayseri, Kayseri olalı böyle zulüm görmedi" cevabını vermiş.

Bu hikayenin birinci bölümü.

İkinci bölümü şöyle: Bir genç gazeteci Kayseri'ye gitmiş. Devlet Senfoni Orkestrası'nın o ilk Kayseri konserini dinleyenlerden birini bulup hikayenin aslını öğrenmek istemiş.

Yaşlı bir Kayserili o ilk konsere katılanlardanmış. Genç muhabir, "Beyamca neden Kayseri, Kayseri olalı öyle zulüm görmedi ki?" diye sual eylediğinde, yaşlı Kayserili, "Evladım demiş, o konserde Devlet Senfoni Orkestrası'nın ikinci kemancısı o kadar kötü çalıyordu ki, Brahams'ın dö majör ikinci keman konçertosunu rezil etti. Kayseri, Kayseri olalı Brahams'ı bu kadar kötü yorumlayan kemancı dinlememişti."

'Mermer yontmaktan usandım. Kavruldum, yandım. Ne kadar çok isterdim güneş olmayı...'

Mermerci'nin öyküsü

"Dağda yaşayan, kızgın güneşten yılmış bir mermer yontucusu varmış. 'Bıktım' demiş bir gün. 'Mermer yontmaktan usandım. Kavruldum, yandım. Ne kadar çok isterdim güneş olmayı...'

Dileği kabul olunmuş. Güneş olmuş. Tam ışınlarını çevreye yaymaya hazırlanırken, bulutlar önünü kaplayıvermiş.

'Bulutlar benden güçlüyse, neye yaradı!' diye yakınmış. 'Madem öyle, bulut olmayı tercih ederdim.'

Şıpınışi bulut oluvermiş. Dünya üzerinde keyfiyle uçuşup yağmur yağdırma zevkini tadarken, bir rüzgar çıkmış. Bulutları dağıtmış.

'Ah rüzgarlar o kadar güçlüyse neye yarardı?.. Keşke ben de rüzgar olsaydım!' der demez, bir de bakmış, deli bir rüzgara dönüşmüş.

Başlamış fırtınalar estirmeye, tayfunlar oluşturmaya. Birden, koca bir duvar dikilmiş önüne. Yüksek ve sağlam bir duvar. Bu, dağmış.

'Hele bir dağ olaydım, benden güçlüsü mü kalırdı' der demez , bir anda şekil değiştirmiş. Kendini, dağ olarak bulmuş.

Nefes almaya bile zaman bulamadan.

Hissetmiş ki, içinden bir şey onu oyuyor. Kendinden daha güçlü bir şey kalbine kalbine vuruyor ve ciğerini söküyor. İçine bakınca ne görsün:

Ufak tefek bir mermer yontucusu, elinde çekiç çalışıyor..."

Bitirirken

HAYAT BAZEN TATLIDIR

(Hikâyelerden ders almasını bilene...)

Anadolu anlatımıyla "kıssadan hisseler" şekline dönüşen bu kitabı, Milliyet Gazetesi'nde Melih Aşık'ın naklettiği bir hikaye ile bitireceğim. Melih Aşık bu hikayeyi "internet"te okumuş.

İşte bu kitabın son hikayesi:

Çocuk çok küçükken çimenlerin arasında pırıl pırıl bir madeni para bulmuş. O kadar mutlu olmuş ki... Yerlere bakarak yürümeyi adet edinmiş ondan sonra... Zaman zaman yeni paralar bulmuş... Yalnız madeni değil. Kağıt paralar bulduğu da olmuş... Her defasında bir geniş mutluluk kaplamış içini... Bu buluşunun kendisine çok şey kazandırdığını düşünmüş...

Kaçırdıkları mı? O pek farkına varmamış ama... Şöyle sıralanabilir:

"30 bin kadar gün batımı, 300'den fazla gökkuşağı, çocuklarının boy atması, kuşların gökyüzünde dans etmesi, güneşin doğuşu, bulutların uçuşması, insanların gülümsemesi, ağaçların yeşillenmesi..."

Sonuç mu? Kafanızı kaldırıp, yaşamın sunacağı gerçek zenginliklere bakın... Gerçek zenginliğin o olduğunu göreceksiniz...

SON